Le chiot, la plume, et le jouet à mâcher :

Le secret pour améliorer votre santé et votre vie

Le chiot, la plume, et le jouet à mâcher :

Le secret pour améliorer votre santé et votre vie

Partagé par

Sarahni Stumpf

(Susan P. Stumpf, PA, MAc)

© 2020 par Susan P. Stumpf

Tous droits réservés. Ce livre ou des parties de celui-ci
ne peuvent être reproduits sous aucune forme
ni par moyen, électronique
ou mécanique, sans l'autorisation formelle de l'auteure.

Les redevances de l'auteure, moins l'impôt dû seront versées
régulièrement
à Diamond Mountain Inc. 501 (c) 3 numéro 86-0959506
en remerciement à leurs programmes.

Ce document ne peut remplacer l'avis d'un professionnel pour un
problème de santé particulier.
Si vous consultez déjà un professionnel de la santé,
veuillez continuer à prendre votre médication et
vos traitements avec lui.

Dans ce présent ouvrage, les mots de genre masculin
appliqués aux personnes désignent les hommes et les femmes.

Traduction française :
gracieusement par
© 2020 Lucie Caron

Illustrations de Vimala Sperber
Photo de couverture arrière courtoisie Katey Fetch

Mise en page conçue par Richard Fenwick
Couverture conçue par Lori Lieber

ISBN : 978-0-578-72941-1

*Par le pouvoir de la vérité que l'amour,
la compassion et la sagesse
créent le paradis sur terre,
puisse l'utilisation de ce livre effacer l'expérience
de la mal-a-dit de notre monde pour toujours.*

Table des matières

Introduction	3
Créer les causes qui mènent aux résultats que nous voulons : les semences mentales	9
Les semences mentales et les Quatre Lois	17
Les Quatre Fleurs	23
Les Quatre Étapes et les Quatre Puissances	27
Révision des Quatre Étapes	65
Désherbage des semences indésirables	71
Les Quatre Pouvoirs	73
Accomplissement : à quoi cela pourrait-il ressembler ?	85
Aux praticiens de la santé	87

Questions et réponses	93
Qu'en est-il de Dieu ?	103
Colophon	105
Programme d'utilisation quotidienne	107
Appendice	129
Histoires pour progresser	145
Remerciements	177
À propos de Sarahni	179

*Comme il est merveilleux que personne n'ait à attendre
Un instant avant de commencer à améliorer le monde.*

— Anne Frank

Introduction

J'offre ce livre et ma gratitude à tous mes professeurs doués et compatissants, qui ont partagé avec moi le chemin de la guérison et la voie de la vérité. J'ai l'intention de vous révéler, à mon tour, l'essence de ce qu'ils m'ont enseigné, de manière à ce que vous en profitiez immédiatement, si vous choisissez de l'appliquer.

Fréquemment, je souffre de maux de tête à diverses intensités, migraines, céphalées de tension et d'autres sortes de douleurs, nommez-les, je les ai toutes ! J'ai des malaises au crâne depuis au moins vingt ans, les différentes douleurs, d'aussi loin que je me souvienne. Certains me mettent « hors service » pendant plusieurs jours, d'autres me rendent grincheuse et désagréable. En fait, j'ai mal à la tête actuellement, alors que je m'assieds enfin pour vous écrire.

Je songe à rédiger ce livre il y a plus d'un an. Je réalise maintenant que toute ma vie d'adulte fût vouée à rassembler l'information et l'expérience utilisées dans ce projet.

Vous vous dites peut-être : « Pourquoi écouter quelqu'un qui a encore des maux de tête et qui écrit sur les *Quatre Étapes* de la guérison ? » Mes maux de tête et toutes les autres douleurs physiques avec lesquels je vis constituent les raisons mêmes de cet ouvrage. En lisant tout son contenu, vous comprendrez ce que j'ai voulu dire ici. Je ne vous blâmerais pas si vous décidiez de le jeter, bien que je vous demanderai plutôt de le donner. Je vous soupçonne d'avoir un problème agaçant que vous souhaiteriez résoudre ; sinon, vous n'auriez pas pris ce bouquin. J'incite votre curiosité et votre ouverture d'esprit, au moins, à réfléchir à ce que j'ai à vous communiquer. Et puis, je vous encourage à essayer le programme pour usage quotidien suggéré vers la fin du livre avant de porter votre jugement. Si vous vous appliquez bien, vous aurez acquis une habileté pour la vie qui vous servira, ainsi qu'à vos connaissances de manière qui dépasse l'imagination. Je vous mets au défi de la maîtriser, après, de la divulguer. En fait, comme vous le verrez, la transmettre fera partie de sa meilleure. C'est pourquoi j'écris ce livre. Partager ce savoir-faire, pour mieux le maîtriser et ce faisant mettre fin à tous ces maux de tête, douleurs et maladies de tout le monde, y compris les miens.

Ceci vous paraît-il sensé ? Probablement pas encore.

Contexte général

La carrière de ma vie s'est déroulée en tant qu'assistante médicale certifiée en médecine de soins de première ligne. Je suis maintenant à la retraite. Pendant la majeure partie de cette trajectoire professionnelle, j'ai travaillé avec des docteurs avant-gardistes qui m'ont encouragé et soutenu à me perfectionner dans le domaine des approches alternatives de guérison. J'ai étudié l'acupuncture, avec une concentration de la méthode thérapeutique japonaise de diagnostic des méridiens du Hara, l'homéopathie, les techniques de relaxation, certaines formes de travail corporel subtil et la désensibilisation à la réactivité environnementale. Ma pratique des soins médicaux comprenait l'aide à la gestion de la douleur chronique, m'appuyant principalement sur l'acupuncture en tant que premier outil de traitement. J'ai trouvé qu'elle était exceptionnellement efficace, sauve, lorsque je l'ai effectuée sur moi-même.

Curieusement, l'acupuncture ne semble pas si bien fonctionner pour moi. En fait, j'ai appris la plupart de ces méthodes pour aider les gens, évidemment. Lors du processus, je me les suis appliquées. Parfois, j'ai obtenu des résultats limités, néanmoins, la plupart du temps mes douleurs persistèrent. Pourtant, de nombreuses personnes avaient bien répondu à ces mêmes méthodes, bien que chacune n'aide pas chacun.

Pourquoi donc ? Si ces traitements s'avèrent les causes réelles de la guérison, ne fonctionneront-elles pas toujours ? Et si elles ne marchent pas de manière infaillible, comment pouvons-nous nous y fier pour guérir ? Les choix de procédé deviennent soit des réussites ou des échecs, peut-être guidés par des suppositions intelligentes. C'est exaltant de bien faire les choses et de voir le problème d'une personne être résolu. Même, à ce moment-là, d'après mon expérience au fil des ans, les clients développeraient inévitablement d'autres défis de santé qui répondraient ou non à nos méthodes de traitement adoptées.

Je me suis surprise à me demander : existe-t-il un moyen pour les gens de vraiment guérir ? N'est-il pas possible pour un individu de vivre sa vie sans douleur chronique ni maladie de même type ? Subir un rhume de cerveau, une entorse aux chevilles, d'accord, de temps en temps. Pourtant, tant de gens souffrent de quelque chose de pénible presque tout le temps. Faut-il vraiment qu'il en soit ainsi ? Pourquoi ne puis-je pas les aider ? Pourquoi ne puis-je pas savoir exactement quel traitement fonctionnera pour tel individu ? N'y a-t-il pas quelque chose qui donnerait immanquablement de bons résultats ?

Je crois que ces désirs ardents de mon cœur ont attiré mes professeurs dans ma vie. Pendant une quinzaine d'années, ils m'ont révélé une méthode de pensée et de comportement qui répondit à mes questions. Ce n'est pas quelque chose qu'ils ont inventé. Elle est tirée d'anciens textes et d'une lignée ininterrompue des maîtres. Pourtant, le procédé et son usage ne sont pas propres à une tradition. Elles peuvent être facilement modifiées pour s'adapter à sa tradition religieuse ou à celui qui n'en a pas. La croyance confessionnelle n'est pas nécessaire au fonctionnement des causes et de leurs résultats ; le sujet de cet ouvrage.

Hypothèses de base

Commençons par certaines hypothèses de base. S'il vous plaît, ne les acceptez pas tout simplement. Réfléchissez-y bien. Si vous ne pouvez pas être d'accord avec celles-ci, ou la conclusion logique qui en découlent, alors ne vous ennuyez pas avec le reste du livre. Donnez-le. Seulement, quand vous le ferez, je vous suggère de dire à cette personne « j'espère que ce livre peut vous aider ». Ainsi, tôt ou tard vous tomberez sur un volume, un atelier, un professeur, quelque chose, qui viendra à vous et pourra vous aider. Le fonctionnement des causes et des résultats marche que vous soyez d'accord ou non avec eux !

Hypothèse N° 1 : Tout le monde aspire à être heureux émotionnellement, mentalement et physiquement, de même qu'être en santé.

Ce que l'on pense, dit et fait est actionné par ce profond désir d'obtenir ce que nous voulons, puis d'éviter ce que nous ne voulons pas. Et pourtant combien de fois vous êtes-vous dit : « Wow, je suis aussi heureux qu'il en soit possible ! » ? Si vous êtes comme moi, pas très souvent !

Hypothèse N° 2 : Nous ne devons pas savoir comment cultiver le bonheur sinon nous ne ferions rien d'autre que ça. Produire du contentement est aussi simple que de faire un gâteau. Suivez la recette et le résultat est un gâteau. On ne doit pas connaître la recette du bonheur, car on savourerait que du gâteau. On se dirait : « Wow, je suis si heureux, je ne pense pas que ça puisse être mieux que cela... »

Hypothèse N° 3 : Tout ce qui existe, tout ce qui nous arrive sont le résultat d'une cause particulière.
Rien ne peut venir de rien. Rien n'est une apparence aléatoire. Il existe une cause à tout et cette même cause doit relever d'une cause antérieure.

Conclusion logique : Si nous voulons le bonheur, cela devra être le résultat d'une cause particulière.
Si nous savons comment créer les causes du bonheur et ensuite les produire, le bonheur en sera le résultat. Si nous pouvons apprendre à faire en sorte que les causes du traitement de la maladie soient efficaces pour guérir la maladie, alors le résultat du procédé sera lui aussi efficace. Nous pouvons appliquer cette méthode à tout.

Nous ne parlons pas ici de solutions rapides ou de guérison miraculeuse, bien que les deux soient probables. Apprendre à créer les causes du bonheur est une chose. Passer à l'action en est une autre. Cela exigera un effort concerté de votre part pour mettre en pratique différentes manières de penser et d'agir. Personne, ou presque personne ne s'applique à un nouveau comportement basé uniquement sur l'ordre d'une figure d'autorité. Ou même en se fiant à quelqu'un qui en a tiré profit. Apparemment, nous avons besoin de savoir comment quelque chose fonctionne avant de nous sentir prêts à l'essayer, en particulier lorsque cela s'avère nécessaire pour apporter les changements dont nous parlons.

Pour cette raison, je vais :

– expliquer le processus de création des causes qui amènent les résultats voulus, plutôt que de réagir aux situations non désirées d'une manière qui les perpétuent ;

– partager les *Quatre Étapes* de la mise en œuvre de ce processus à votre vie ;

– finalement, offrir un guide d'outils pour vous aider à rompre avec vos anciennes habitudes de comportement et d'en apprendre de nouveaux.

Créer les causes qui mènent aux résultats que nous voulons : Les semences mentales

Aucun acte de bonté, aussi petit soit-il, n'est jamais perdu.

— ÉSOPE (Traduction libre)

Y a-t-il un adulte dans le monde qui n'a jamais entendu l'axiome « nous récoltons ce que nous semons » dans sa langue ? En tant qu'adolescente et jeune adulte, je me suis déjà dit « bien sûr, ce que je fais me revient ». Mais ça ne semblait pas fidèle à mon expérience. Je n'ai pas creusé sa signification réelle et je n'ai donc que vaguement vécu par elle. J'étais souvent déçue quand des choses désagréables m'arrivaient alors que j'étais une personne si gentille avec les autres, selon moi du moins !

Voici quatre choses que nous devons savoir sur cet axiome, puis quatre façons dont il se révèle à nous. Deux méthodes de *Quatre Étapes* chacune, nous permettrons d'utiliser consciemment cet axiome pour obtenir les résultats recherchés. Cela semble beaucoup, pourtant c'est plus facile que d'apprendre à lire, et vous l'avez déjà fait à l'âge de six ou sept ans. Vous pouvez l'apprendre aussi. Laissez-moi d'abord vous expliquer la démarche par laquelle se déroule le fonctionnement, ensuite nous passerons à ce que mon professeur appelle *Le 4X4*.

LE CHIOT, LA PLUME ET LE JOUET À MÂCHER :

Nous récoltons ce que nous semons.

Nous récoltons ce que nous avons semé.

Nous ne pouvons pas récolter ce que nous n'avons pas semé.

Et nous récolterons ce que nous semons.

Prenons l'analogie d'une jardinière qui plante son potager et son jardin de fleurs. Supposons qu'elle veuille récolter des tomates, des carottes, de la laitue et des marguerites. Pour ce faire, elle sait qu'elle doit planter des graines de tomate, des graines de carotte, des graines de laitue et des graines de marguerite. Elle prépare le sol — arrachant les mauvaises herbes, brisant les mottes de terre, ajoutant du compost riche en nutriments — puis plante ses graines. Elle arrose le sol, protège les semis des maraudeurs et arrache les mauvaises herbes qui remontent. Elle cultive les tomates et attend qu'elles mûrissent, que la laitue soit grosse et verte, que les carottes soient dodues et que les fleurs de marguerites sourient. Enfin, elle est reconnaissante des fruits de son travail, et, si elle connaît *le 4X4*, elle partagera sa récolte avec les autres parce qu'elle sait que c'est ce qui assurera une bonne récolte à l'avenir.

Les semences de l'amitié

De Pamela Rasada
Histoire telle que racontée à Sarahni Stumpf

Mon amie Pam a enseigné les 4 étapes à son ami de 8 ans.
– Je veux un ami ! Donc je dois aider quelqu'un d'autre à trouver un ami, vrai ? Me dit-il.
– C'est vrai.
– Tante Pam, ça marche ! S'exclama le garçon deux semaines après.
– Qu'est-ce qui marche ?
– J'ai aidé quelqu'un à trouver un ami. J'ai présenté un garçon à un autre garçon que j'ai toujours vu seul. Et maintenant, nous sommes tous les trois amis. Ça a marché ! »

Elle sait que si elle a produit une bonne récolte cette année, c'est dû au fait qu'elle a partagé ses récoltes passées. Si elle n'a pas produit une bonne récolte cette année, elle sait que c'est le résultat de maturation parce qu'elle n'a pas partagé ses cultures avec d'autres, dans le passé.

Comment est-ce possible ? Votre esprit remue-t-il peut-être de questions. Et si c'était la première fois qu'elle avait jardiné ? Comment peut-elle obtenir n'importe quel résultat ? Beaucoup de gens avares sont riches. Beaucoup de gens généreux n'ont pas grand-chose. Les gens gentils tombent encore malades. Les gens cruels peuvent être en santé. Nous aborderons tout cela au fur et à mesure. Laissez-moi vous montrer comment vous pouvez examiner cette question vous-même.

Imaginons que je me trouve devant vous. Je tiens un stylo pour que vous puissiez le voir clairement. Vous regardez l'objet et je vous demande : « Qu'est-ce que je tiens ? »
C'est un stylo, répondez-vous tout de suite.

– Et si un chiot entre, que voit-il ? Que fait-il de cet objet ? Je vous demande. Vous pensez un instant, vous dites probablement : « il le reniflera, le prendra dans sa bouche et le mâchera. »

Donc le chiot voit un bâton à mâcher, ou un jouet, pas un stylo, n'est-ce pas ? Notre esprit a du mal à insister pour que le chiot voie aussi un stylo, sauf qu'il le mâche au lieu d'écrire avec celui-ci. Si je mets le stylo sur la table et que tous les gens et tous les chiens quittent la pièce, qu'est-ce que c'est à ce moment-là ? La réponse est que vous ne pouvez pas le dire. Vous haussez les épaules, signe universel pour signifier « Je ne sais pas ».

Qu'est-ce que cela dit de l'identité et
de la fonction du stylo ? Elle doit venir de
l'esprit de celui qui le perçoit. Parce que
si sa nature de « stylo » venait de celui-ci,
si l'objet lui-même émanait « stylo, stylo,
stylo » comme on le pense, alors celui qui
le verrait devrait voir un stylo et l'utiliser
en tant que tel.

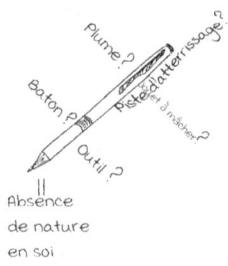

Pourtant, ce n'est pas vrai. Le chien voit un jouet à mâcher, une mouche voit une aire d'atterrissage, un bébé humain voit quelque chose à attraper. La nature de l'objet doit donc venir de celui qui perçoit, du chien, de la mouche, du bébé, de vous ou de moi, et non de l'objet lui-même. C'est ce qu'on appelle « non-existence en soi », ou « absence de nature en soi » dans les textes anciens, un terme souvent mal compris.

Il fait référence à l'identité d'un objet en fonction de qui le perçoit et de ce qu'ils perçoivent. Il n'a pas d'autre identité que celle-là. Cela ne fait pas disparaître l'objet, cela ne signifie pas non plus que plus rien n'a d'importance. L'implication fabuleuse est que cela signifie que tout peut être tout. Mais pas seulement en le souhaitant. L'esprit de celui qui perçoit va projeter l'identité de l'objet.

L'identité de tout objet, provenant de l'esprit de celui qui le perçoit, est poussée, projetée en avant sur l'objet, par le mûrissement des graines mentales, les empreintes faites à partir de ce que nous avons vu nous-mêmes penser, dire ou faire à, ou pour un autre. Ce que nous voyons, pensons, disons, faisons envers les autres est enregistré. Ceci grandit et se multiplie, puis mûrit sous la forme de chaque instant de chacune des perceptions.

Essentiellement, tout ce que nous vivons à chaque instant est le reflet de nos comportements passés. En même temps, cela nous apporte les occasions de créer nos expériences de moments futurs. Nous réagissons habituellement à nos expériences et aux gens de manières qui sont liées à la façon dont nous les avons créés, les perpétuant ainsi. Ce comportement est la maturation des graines que nous avons plantées auparavant. Mais nous pouvons apprendre à agir autrement. Nous pouvons nous instruire à endommager les semences négatives, encourager la maturation des graines positives et devenir bientôt des gens qui créent consciemment l'avenir que nous voulons, au lieu de reproduire ce que nous ne voulons pas.

Vous pouvez étudier vous-même ce concept de « absence de quelque nature en soi ». Prenez n'importe quel objet et réfléchissez : « Est-ce que quelqu'un au monde le voit différemment de vous ? » Vous finirez par réaliser que personne ne « voit » jamais le même objet de la même façon. Vous reconnaîtrez cette impossibilité. Vous pouvez maintenant appliquer ce questionnement à vos actions et à vos émotions. Aucune fin n'existe qui ne soit sujette à interrogation. Vous reviendrez toujours par reconnaître que tout, chaque chose, n'est que maturation de graines mentales. Votre conclusion sera : je peux intentionnellement planter des graines mentales qui créeront un avenir plein de plaisir et de bonheur si j'agis avec bonté envers les autres, en voulant leur bonheur. **C'est vraiment très simple. Le plus dur c'est de changer nos habitudes.**

Que signifie : « Nous récoltons ce que nous semons » ? Nous « semons » en étant conscients de ce que nous « pensons, disons et faisons envers les autres ». Ceci s'applique à tout chose ou être que nous percevons comme autre que nous-mêmes. Toutes nos pensées, nos paroles et nos actes se recueillent dans notre inconscient, comme si un dispositif d'enregistrement sophistiqué,

Choisir une nouvelle action

Offert par Jay Nair,
participant à un séminaire des 4 Étapes
pour la guérison

Un jour, j'ai découvert que des vers à corne infestèrent mes 8 gros plants de tomates. J'ai tout de suite senti le besoin de les enlever et de les écraser pour protéger mes plantes et mes cultures. Il y en avait tellement. Et comme je connais les graines mentales, j'ai donc décidé de leur donner les plantes. Amusez-vous bien ! En deux jours, les plantes furent dépouillées de leurs feuilles, il ne restait plus rien, seulement des tiges et des vers. Après deux semaines, cependant, les feuilles ont commencé à repousser sur ce qui s'est trouvé la meilleure récolte de tomates que je n'ai jamais eues. D'autres personnes qui ont écouté l'histoire lors du séminaire ont témoigné que cette année-là s'est touvée être la pire pour les vers à corne jamais connue à Sacramento. Personne d'autre n'a eu de tomate !

à l'extérieur de nous, enregistrait toutes nos actions et même nos pensées. Pas un seul instant ne passe inaperçu.

Nous « récoltons » les résultats de ces pensées, paroles et actes envers les autres à chaque instant de notre expérience, avec le sentiment que toutes ces perceptions viennent à nous plutôt que de nos graines mentales mûrissantes. Le « dispositif d'enregistrement sophistiqué » de l'esprit émet constamment, sur notre environnement extérieur, d'un instant à l'autre de notre expérience. Mais, le délai est généralement vraiment long, entre le moment où se fait l'enregistrement initial et celui où cette partie du film nous est passée. C'est dans cet intervalle de temps que se produit notre mauvaise compréhension sur la manière dont les choses fonctionnent et d'où elles viennent. C'est comme si les enregistrements étaient envoyés au-delà de Pluton, puis de retour comme un boomerang vers nous. Dans l'intervalle nous avons oublié que nous avons produit le cycle nous-mêmes. Nous rejetons la responsabilité de ce qui se passe sur les autres choses ou personnes plutôt que sur nos propres actions passées. Nous désignons ces moments d'enregistrements « des semences mentales » ou des « empreintes dans nos esprits ».

Les semences mentales et les Quatre Lois

Comprendre quatre grands principes sur les semences mentales nous aide à appliquer cette sagesse dans nos vies.

1. **« Elles sont définitives », disent les anciens textes.**
Les empreintes mentales d'actes posés à l'égard d'autrui perçus comme agréables, bienveillants, utiles mûriront certainement comme des expériences agréables. Quand vous vous rendez compte que vous tenez la porte ouverte pour quelqu'un aux bras pleins, cela « plante » des graines dans votre esprit, qui mûriront un jour, que vous percevez quelqu'un qui vous aide d'une certaine façon. Si vous avez l'impression de nuire à la vie d'un individu d'une façon ou d'une autre, cela plante des graines dans votre mental qui mûriront un jour, comme si quelqu'un d'autre vous faisait du mal, peut-être à cause d'une réaction indésirable à un médicament ou d'un accident de voiture, ou pire encore. Les graines sont définitives dans le sens où les graines de bonté apporteront des résultats agréables et les semences malveillantes procureront des situations déplaisantes. Il ne peut en être autrement. Une graine de tomate ne peut pas se transformer en amarante, peu importe ce que nous tentons.

2. **Les graines poussent.**
Lorsqu'une empreinte mentale est enregistrée, toutes les autres empreintes qui arrivent l'affectent. Chacune se développe, évolue, se prépare à sa maturation en résultats. Plus cela prend du temps, "plus gros" elle croît et plus ça se multiplie. Pareillement, à une seule graine de tomate qui produit un énorme plant de tomate avec de nombreuses, nombreuses tomates (assez pour en partager!) chacune avec des lots et des lots de graines de tomates. Nos graines mentales agissent de même manière, se développant dans notre expérience entière, pour chaque moment de notre vie. C'est extraordinaire et prodigieux, vraiment, un système qui crée une telle diversité et des possibilités infinies. Ainsi, quand nous nous voyons tenir la porte ouverte, avec amabilité, pour quelqu'un aux bras remplis, cela ne mûrit pas comme un seul instant en quelqu'un qui nous aide, mais en une multitude façons différentes d'être aidé. Il en est de même lorsqu'on cause du tort à autrui. La graine poussera et se multipliera.

3. **Une graine non plantée ne peut pas donner de résultats.**
« Bah ! » dites-vous. Seulement, nous n'y croyons pas vraiment. Nous avons souvent l'impression de ne pas mériter ce qui nous arrive. Pensez à la dernière fois qu'on s'est fâché à votre endroit. Ne pensiez-vous pas le mériter ? Et comment avez-vous réagi ? Si vous êtes comme moi, vous vous êtes probablement fâché en retour, défendant votre innocence et essayant de surmonter leur colère avec la vôtre. Oups ! Nous venons de semer une nouvelle série de graines qui pousseront et se multiplieront en de nouvelles situations terribles de personnes en colère contre nous.

Si, au lieu de répondre par la colère et l'autodéfense, nous nous disions : « Ah bon, c'est une semence mentale médiocre qui se déploie créée par une de mes colères passées. » Je ne veux

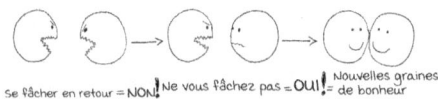

pas replanter cette mauvaise herbe. En réponse, nous pouvons donc dire : « Je suis désolé que vous soyez en colère contre moi. En quoi pourrais-je vous être utile ? ». Cela peut ou non arrêter instantanément la colère de l'autre personne, par contre, si nous maintenons cette attitude, ou si nous partons rapidement, nous aurons planté une nouvelle semence. Ainsi à l'avenir, lorsque nous nous mettrons en colère, l'autre personne impliquée répondra avec gentillesse. En ne réagissant pas par la colère, nous avons aussi arraché quelques mauvais moments qui le valaient, de nos graines de colère passées, et en même temps, nos propres réactions de colère diminueront. Nous pouvons retirer complètement ces graines si nous nous appliquons de tout cœur. Imaginez ne jamais être en colère irrité, frustré, rancunier ! C'est possible. Rien dont nous puissions être conscients, qui puisse nous arriver, d'agréable ou de désagréable n'est le résultat d'autre chose où nous nous sommes perçus penser, dire ou faire envers autrui. Que nous nous en souvenions ou non consciemment. Une graine non semée ne peut pas donner de résultats.

4. Une semence semée doit donner un résultat.

Aucune graine mentale ne disparaît à jamais. L'enregistreur ne tombe jamais en panne et ne saute jamais une trame. Absolument, toutes les perceptions sont enregistrées, s'entrechoquent, grandissent, se multiplient, s'influencent les unes les autres et finissent par mûrir en un résultat : d'agréable à agréable, de désagréable à désagréable. C'est le processus même de la création, une création miraculeuse en soi, une preuve irréfutable. Si nous pouvions vraiment vivre selon ce processus, nous pourrions créer le paradis sur terre, un plaisir constant et parfait d'amour bienveillant pour chaque être, y compris pour nous-mêmes. Pourquoi alors ne pas le faire ? Pourquoi ne pouvons-nous pas le voir de cette façon ? C'est en raison de l'intervalle de temps entre l'ensemencement et le résultat de sa maturation. Nous nous leurrons, en effet, parce que nous croyons que ce que nous faisons en ce moment est la cause du résultat que nous obtenons dans l'instant suivant. Pour une raison un peu folle, nous vivons ainsi sans jamais en douter, même si souvent ce que nous faisons sur le moment ne nous donne pas le résultat attendu. Pourquoi l'acceptons-nous sans nous demander ce qu'il se passe véritablement ?

Par exemple, quand je sens un mal de tête arriver, je vais chercher de l'aspirine. J'en prends 2 comprimés avec un verre d'eau et je m'attends à ce que mon mal de tête soit soulagé dans l'heure suivante. Je pense que quelque chose dans l'aspirine a la capacité d'arrêter ce mal de tête. Pourtant, parfois cela marche, mais d'autres fois, ça ne marche pas. Qu'est-ce que cela dit de la capacité de l'aspirine à arrêter mon mal de tête ? Si la cause de la fin de mon mal de tête se trouve dans l'aspirine, comme je le crois, en ce cas, chaque fois que je prends de l'aspirine, cela devrait mettre fin au mal de tête. Sauf que, ça ne marche que certaines fois. D'autre fois, mon mal de tête disparaît après avoir mangé des frites ! Cependant, pas toujours. Que se passe-t-il ? Pour qu'une chose soit la cause d'une autre chose, il faut qu'elle aboutisse toujours au même résultat, sinon il y a un autre facteur nécessaire à la production de ce résultat. Quand l'aspirine aide mon mal de tête, c'est le résultat des graines mentales qui se développent, et qui proviennent du fait que j'ai aidé quelqu'un d'autre à se sentir mieux. J'éprouve donc un soulagement. Et il semble que l'aspirine

Planter des graines quotidiennes d'amour

Offert par Jan Henrikson

En conduisant, j'envoie souvent de l'amour à tous les gens des voitures dans la circulation, en imaginant que tous nos souhaits se réalisent, ou que nous ressentons tous la joie à la minute même. Nous sommes une configuration unique de personnes, laquelle ne sera plus jamais la même, ainsi donc nous devons avoir une sorte de connexion spirituelle. C'est l'occasion d'insuffler l'Amour dans des endroits et des façons que je n'aurais pas pu atteindre normalement. Quand je vois des cyclistes passer devant moi ou des joggers courir devant moi, je leur envoie le message « vous pouvez le faire ! Vous avez une énergie illimitée ». Quand je vois quelqu'un qui marche lentement et avec difficulté de l'autre côté de la rue, je lui offre l'idée « vous avez tout votre temps. Il n'y a pas d'urgence ». Quand je vois des nouveau-nés, je les accueille sur la planète, je leur dis de se rappeler qui ils sont et je les enveloppe d'amour. Après avoir planté toutes ces graines, il n'est pas étonnant que le nouvel amour m'ait trouvé. Il s'appelle Jeff et c'est un jardinier.

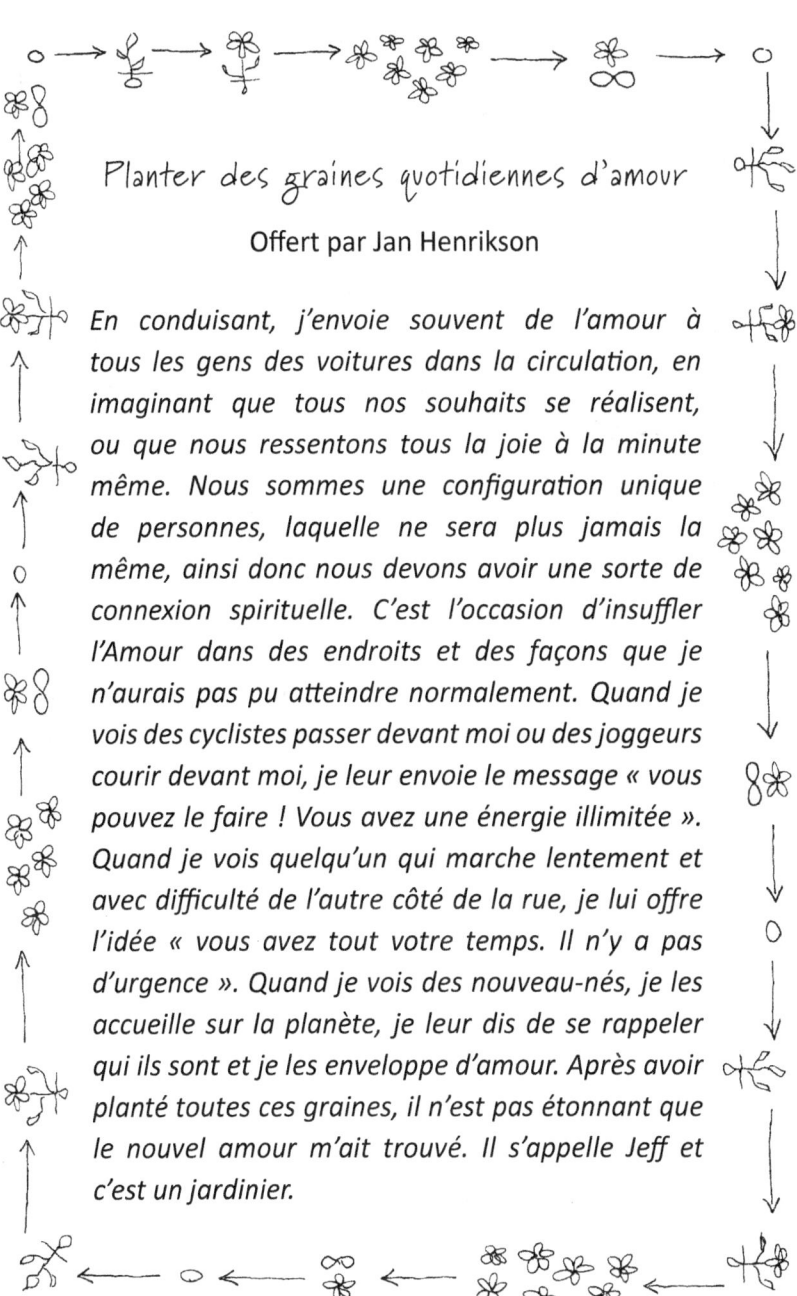

ait fait son travail, et elle le fait. L'aspirine est un véhicule, un facteur par lesquels mes semences mûrissantes me sont livrées. Quand l'aspirine n'aide pas, c'est dû aux graines mûries dans l'intervalle où j'ai eu l'occasion d'aider autrui à se sentir mieux, et au cours duquel j'ai omis de faire l'effort. Par conséquent, mon expérience de l'aspirine est qu'elle ne m'aide pas.

S'il n'y avait pas de laps de temps entre l'ensemencement des graines et leur maturité, chaque fois que nous écrasons un insecte, nos propres côtes se casseraient. Combien d'insectes faudrait-il écraser avant de se rendre compte qu'il est mieux de ne pas agir ainsi ? Un, si vous étiez stupide, aucun, si vous appreniez de l'expérience de quelqu'un d'autre. Et si à chaque fois que vous donniez de l'argent, on déposait une somme d'argent sur votre compte bancaire ? Une fois que vous vous en seriez aperçu, ne donneriez-vous pas plus d'argent chaque fois que vous en auriez l'occasion ? De cette façon, vous perpétueriez le fait d'avoir toujours assez à donner. Et si tout le monde le faisait ? Et si nous essayions d'aider tous ceux que nous voyons qui ne se sentent pas bien, à se sentir mieux, ne serait-ce que par un sourire, un mot gentil, ou une tendre pensée ?

Les Quatre Fleurs

*Pour guérir le corps humain, il est nécessaire
D'avoir une connaissance de l'ensemble des choses.*
—SOCRATES (Traduction libre)

J'imagine que vous vous demandez « quel est le rapport avec la guérison ? ». Nous y arrivons. Cependant, il y a encore certaines choses que nous devons savoir sur les graines mentales. Mon professeur les appelle les *Quatre Fleurs*, les quatre façons dont les graines mûrissent.

1. Toute graine mentale donnée mûrira comme un événement similaire qui nous reviendra.

Partager votre nourriture avec quelqu'un qui a faim, mûrit comme quelqu'un qui partage avec vous quelque chose dont vous avez besoin. Toutes les graines de tomates mûrissent dans notre jardin, sans donner de tomate, ou nous n'obtenons pas ce que nous voulons parce qu'un autre les ramasse toutes.

2. Les graines mentales mûrissent comme l'habitude de réagir de la même manière que lorsque nous les avons plantées.

Quand une graine mûrit en tant que résultat d'autrui en colère contre nous, nous réagissons en nous fâchant en retour, ce qui perpétue ce désagrément. Quand une graine mûrit sous la forme d'un individu qui nous aime ou nous admire, nous réagissons en l'aimant ou en l'admirant (généralement, en tout cas).

3. Les graines mûrissent sous la forme de conditions environnementales et d'individus autour de nous qui reflètent le comportement avec lequel on a implanté la semence et encouragent sa perpétuité.

Si nous plantons les graines mentales du mensonge aux autres, nous mûrirons des expériences telles que, lorsque nous mordons dans des fruits qui semblent mûrs et délicieux, nous les trouvons sans goût et pourris. Le fruit « nous a menti » en ayant l'air attrayant et savoureux, sans être à la hauteur de son apparence. De plus, nous nous retrouverons parmi des gens qui nous mentent, et qui ne nous croient pas, même quand nous disons la vérité, ce qui tend à renforcer le comportement du mensonge. D'un autre côté, faire mûrir les graines en prenant soin des autres, comme sauver un « chien de la fourrière », et en en prenant soin, va mûrir comme un environnement où nos besoins seront satisfaits. Un être se retrouvera là pour nous « sauver » quand nous en aurons besoin. Voyez-vous ce que je veux dire ?

4. **Tu n'es jamais à court de graines mentales.**

Ceux qui ont vu ce processus directement dans un état profond de méditation nous disent que les graines mentales s'impriment à soixante-cinq graines discrètes par instant (de claquement de doigts) et mûrissent à raison de soixante-cinq perceptions discrètes par instant. Pendant ce long délai entre planter des semences et leur maturation, elles se multiplient. Il y a en toujours en abondance, de disponibles, à croître dans votre prochain moment. Vous n'en manquerez jamais. C'est à la fois encourageant et terrifiant. Terrifiant parce qu'on a planté plusieurs de ces graines avec égoïsme ; qui se multiplient rapidement et se développeront

Créer un résultat différent

Pamela Rasada
tel que raconté à Sarahni Stumpf

Pam a souffert d'une de ses tensions dorsales chroniques récurrentes pendant qu'elle suivait les cours des 4 Étapes pour guérir. Généralement, il fallait quelques jours de repos au lit, complétés par de multiples traitements chiropratiques pour résoudre le problème. Cette fois-ci, elle a amené un ami chez le chiropraticien pour qu'il puisse aussi recevoir des traitements. En quelques jours, son mal de dos a complètement disparu. Son chiropraticien s'est émerveillé du fait que Pam n'avait jamais répondu aussi rapidement à ses soins, même si la blessure avait été aussi débilitante au départ, qu'elle l'avait été dans le passé.

en déplaisants résultats. Encourageant, car, eh bien, vous ne manquerez jamais de planter des graines mentales ni de graines à maturité. Nous finirons certainement par élaborer la manière de ne planter que des graines de bonté afin que nous puissions faire mûrir ce paradis sur terre pour chacun.

> Mais, ceci je dis :
> Celui qui sème avec parcimonie
> Moissonnera aussi avec parcimonie
> Et celui qui sème abondamment
> Moissonnera aussi abondamment.
>
> —2 CORINTHIANS 9:6 (Traduction libre)

« Mais que dire de toutes ces graines d'égoïsme déjà là-dedans ? » pourriez-vous demander. Si elles se multiplient plus vite qu'elles ne mûrissent, apparemment nous sommes condamnés à souffrir pendant un temps interminable, même si nous ne plantons plus jamais de telles semences, ce qui semble peu probable, n'est-ce pas ?

Bonne question. Mes professeurs disent que si vous ressentez de l'anxiété en ce moment, vous comprenez vraiment bien l'esprit du processus. Ne vous inquiétez pas. Ce délai demeure aussi le cadeau qui nous offre l'espace pour travailler nos vieilles habitudes. Nous n'avons pas à devenir immédiatement un policier rigide de toutes nos pensées. Progressivement grâce à notre conscience qui s'accroît grâce au processus et à la mise en pratique du 4x4 il nous deviendra naturel de penser, parler et agir avec attention à ce que nous semons, et en le faisant, cela nous permettra de faire de meilleurs choix d'actions.

Les Quatre Étapes et les Quatre Pouvoirs

Ceci nous amène aux deux méthodes d'application de cette sagesse dans notre vie quotidienne. L'une consiste dans les *Quatre Étapes* pour planter ce que l'on veut. L'autre, les *Quatre Pouvoirs*, pour éliminer ce que nous ne voulons pas. Nous les apprendrons, car ils s'appliquent à l'*amélioration de votre santé et de votre vie*, ce qui est ce que vous recherchiez lorsque vous avez ouvert ce livre.

Les Quatre Étapes

Les *Quatre Étapes* destinées à créer ce que nous voulons forment les quatre points cruciaux nécessaires qui réduisent le délai entre l'ensemencement des graines mentales en vue du résultat visé, et l'épanouissement de ces graines mentales en résultats.

Les *Quatre Étapes* :

1. Formulation d'identification appropriée
2. Planification
3. Action intentionnelle
4. Réjouissance de l'accomplissement

LE CHIOT, LA PLUME ET LE JOUET À MÂCHER :

Les Quatre Pouvoirs

Les *Quatre Pouvoirs* de désherbage des graines déjà plantées dont nous ne voulons pas les résultats forment les quatre points cruciaux nécessaires pour endommager ces graines, afin qu'elles ne puissent mûrir, ou moins sérieusement. Cela nous aide aussi habituellement à arrêter de les replanter.

Les *Quatre Pouvoirs* :

1. Reconnaissance
2. Regret
3. Remède
4. Retenue

Les quatre parties des deux, *Quatre étapes et Quatre pouvoirs*, doivent toutes être appliquées pour pleinement fonctionner. C'est vital pour nous de pouvoir constater les résultats de nos efforts dans un délai reconnaissable afin de nous prouver que cette sagesse est vraie. Lorsque nous maîtriserons ces comportements, nous reconnaîtrons de plus en plus clairement les véritables causes de nos expériences. Ceci renforcera notre nouveau comportement tout en facilitant sa pratique. Nous nous trouverons petit à petit plus heureux, simplement parce qu'il est si agréable de vivre d'une manière qui crée de la bienveillance, amenant du plaisir, même lorsque les graines malveillantes mûrissent encore parfois. On en viendra à jouer avec les désagréments de la vie en les voyant comme des occasions de brûler ces semences sans les replanter, tout en continuant de planter de façon accrue des graines de gentillesse.

Apprendre les Quatre Étapes

Étape 1 : Formulation d'Identification appropriée

Nous devons adéquatement déterminer le résultat que l'on veut afin de bien savoir quelles semences planter. La jardinière ne jette pas une combinaison de graines vaguement connue parce qu'elle veut que ses efforts donnent des résultats précis. Si elle veut des marguerites, elle sait qu'elle doit planter des graines de marguerites. Quand notre jardinière récoltera des marguerites, elle ne sera pas déçue de ne pas avoir d'œillets. Nous plantons les mauvaises graines pour les résultats que nous voulons la plupart du temps parce que nous agissons en mode réactif plutôt qu'en mode créatif.  Ensuite, nous blâmons généralement autrui pour ne pas avoir obtenu ce que nous avions espéré.

Peut-être qu'un collègue et vous êtes considérés pour une promotion. Vous croyiez que le fait de signaler ses fautes à l'administration et d'améliorer vos propres capacités vous permettrait d'obtenir une promotion. Néanmoins, vous ne l'obtenez pas. D'où mûrissent les graines de ne pas être choisi ? D'un moment où vous êtes déjà inclus dans le choix de n'importe qui en premier.

« Cette stupide Direction a raté une grande occasion, pensez-vous, je suis la meilleure personne pour le travail. » Fort probable que votre ressentiment influencera indûment la qualité de vos relations avec la Direction et votre collègue récemment promu. Reprocher et en vouloir à la Direction créeront des graines d'être blâmé en retour, et que les autres éprouveront du ressentiment à votre égard. Ugh. Pratique courante, n'est-ce pas ?

Trouvez plutôt une personne qui veut être choisie pour quelque chose (un jeu, un club, une équipe) et augmentez son attrait au responsable décisionnel. Ce serait un comportement plus sage en prévision de créer la graine semblable au résultat désiré : être choisi lors de la prochaine promotion.

> Chaque pensée est une graine. Si vous plantez des pommes sauvages, ne comptez pas sur une récolte de "Golden Delicious"
>
> BILL MEYER (Traduction libre)

Passons à la première étape pour l'amélioration de votre santé et de votre vie.

Je suppose que vous avez un problème de santé qui affecte négativement votre sentiment de bien-être. « C'est le moins que l'on puisse dire » venez-vous peut-être de penser ! L'étape de formulation d'identification appropriée détermine clairement et succinctement ce que nous voulons réaliser avec nos *Quatre Étapes* de comportements. Commençons par un énoncé qui établit bien notre cible.

Notre *formulation d'identification appropriée* succincte pourrait être :
Je veux être rétabli de mon _____.
Ou, *je veux être guéri de ma maladie* _____.
Ou, peut-être pour les un peu plus hésitants d'entre nous : *Je veux une méthode efficace pour gérer mon* _____.
Ou même : *je veux que la douleur et les limites de l'arthrite de mon père soient soulagées.*

Lorsque nous évoquons notre formulation « Je veux... », plusieurs choses doivent demeurer dans notre esprit. Premièrement, nous nous adressons à notre inconscient autant qu'à l'Univers entier, qui

LE SECRET POUR AMÉLIORER VOTRE SANTÉ ET VOTRE VIE

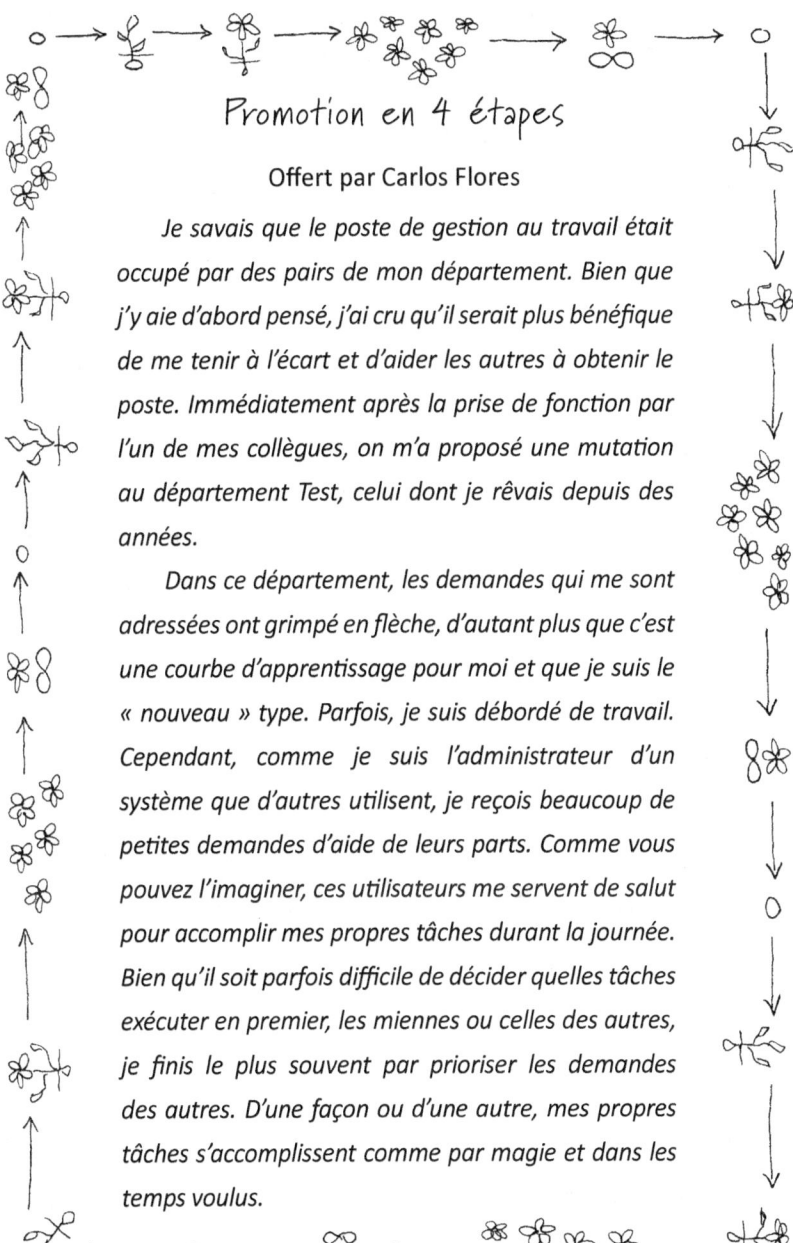

Promotion en 4 étapes

Offert par Carlos Flores

Je savais que le poste de gestion au travail était occupé par des pairs de mon département. Bien que j'y aie d'abord pensé, j'ai cru qu'il serait plus bénéfique de me tenir à l'écart et d'aider les autres à obtenir le poste. Immédiatement après la prise de fonction par l'un de mes collègues, on m'a proposé une mutation au département Test, celui dont je rêvais depuis des années.

Dans ce département, les demandes qui me sont adressées ont grimpé en flèche, d'autant plus que c'est une courbe d'apprentissage pour moi et que je suis le « nouveau » type. Parfois, je suis débordé de travail. Cependant, comme je suis l'administrateur d'un système que d'autres utilisent, je reçois beaucoup de petites demandes d'aide de leurs parts. Comme vous pouvez l'imaginer, ces utilisateurs me servent de salut pour accomplir mes propres tâches durant la journée. Bien qu'il soit parfois difficile de décider quelles tâches exécuter en premier, les miennes ou celles des autres, je finis le plus souvent par prioriser les demandes des autres. D'une façon ou d'une autre, mes propres tâches s'accomplissent comme par magie et dans les temps voulus.

nous prennent tous deux très au pied de la lettre. On peut penser que notre formulation est très claire. Voir s'il se cache des éléments dont on n'est pas conscient. Par exemple, prenons l'énoncé « Je veux que mes maux de tête cessent ». Cela semble assez évident. Bien qu'une façon pour moi que mes maux de tête cessent serait que je meurs. Ce n'est pas le résultat recherché. Ou, nous pouvons dire : « Je veux être sans douleur. » Sauf que, la perception de la douleur est un outil nécessaire pour reconnaître le danger, comme toucher une casserole chaude et retirer rapidement votre main avant de l'endommager sérieusement. Nous ne désirons pas vraiment être sans douleur ; nous voulons être sans détresse, ou sans souffrance.

Deuxièmement, souvenez-vous que pour actualiser le résultat attendu, nous devons planter les semences mentales qui lui serviront de cause. Cela signifie que nous devons aider autrui avec un problème de santé (étapes 2 et 3, à venir bientôt !). Donc, si nous choisissons notre formulation d'identification « Je veux... » d'une manière qui semble exiger un miracle, alors nous aurons besoin de pouvoir aider quelqu'un à vivre un miracle. Si vous pensez ne pas pouvoir le faire, ne le demandez pas. D'un autre côté, plus on s'améliore avec les *Quatre Étapes*, plus les résultats étonneront !

Avant d'énoncer notre *formulation d'identification appropriée* « Je veux... », jetons un coup d'œil à ce que l'on veut dire par guérison. D'où vient-elle ? Pourquoi les traitements marchent-ils certaines fois et pas d'autres fois ?

Selon le dictionnaire (j'ai utilisé Random House Dictionary of the English Language, College Edition, 1968!)

CURE (soigner, traiter) signifie : 1. méthode ou traitement, comme pour la maladie ; 2. traitement correctif réussi, rétablissement de la santé ; 7. soulager ou éliminer quelque chose de gênant ou nuisible, comme une maladie ou une mauvaise habitude.

HEAL (guérir) signifie : 1. rendre entier ou sain, rétablir la santé, exempte de maladie ; 4. guérir ; 5. d'une blessure ou d'un os cassé, etc. pour devenir entier, sain, se rétablir, aller mieux. *SANTÉ* signifie : 1. état général du corps ou de l'esprit par rapport à la santé et à la vigueur ; 2. santé du corps ou de l'esprit, absence de maladie ou de malaise ; 4. vigueur, vitalité. *REMÈDE* signifie : 5. restaurer l'état naturel ou approprié ; réparer.

Curieusement, tous ces mots avaient des connotations très spécifiques pour moi quand j'étais dans la profession médicale. Le mot « soigner, traiter (cure) » signifiait que toute pathologie avait disparu, que l'état de santé normal avait été rétabli. « Guérir (heal) » signifiait que la détresse d'une personne était résolue, peu importe si la pathologie persistait ou non. Par ailleurs, plus j'ai acquis d'expérience, moins j'ai trouvé de distinction entre les deux. La pathologie de certains patients partirait et tout reviendrait à la normale, par contre leur détresse persisterait. Certaines personnes présentaient une pathologie terrible, sans aucune détresse apparente. D'autres, comme moi, ne souffraient pas de maladie, par contre, d'une détresse physique chronique importante.

Qu'est-ce que c'est que cette chose « bonne santé » que nous voulons tous ? Pourquoi ne l'avons-nous pas ? D'où vient-elle ? Comment la récupère-t-on ? Pourquoi les médicaments réussissent parfois, et pas, d'autres fois, ou pour certaines personnes, mais pas pour d'autres ?

Vous connaissez déjà la réponse : les semences mentales.

Mais, quel type de graines ? Si nous plantons de vagues semences de bonne santé, nous obtiendrons de vagues résultats de bonne santé. Nous voulons être aussi clairs que possible. Pourtant, il n'y a pas de réponse unique à la question de savoir ce qu'est la

« bonne santé ». Le niveau de santé perçu comme bon pour une personne qui s'entraîne à escalader l'Everest est très différent de celui perçu comme bon pour une personne de 98 ans vivant dans une maison de retraite. Nous ne pouvons pas vraiment dire de leurs niveaux considérés comme bons que l'un est « mieux » que l'autre ; il est unique à chaque personne selon sa situation.

Pensez soigneusement aux caractéristiques d'une bonne santé pour vous. Faites une liste. Vous pouvez toujours la revisiter pour mettre à jour vos paramètres de bonne santé si vous le souhaitez.

Dans la tradition médicale occidentale, la maladie apparaît comme un état du corps ou de l'esprit dans lequel il y a un mauvais fonctionnement en raison d'effets héréditaires, d'une infection, d'un régime ou d'un environnement. Le dysfonctionnement reste souvent évaluable d'une façon ou d'une autre et se situe en dehors de la plage normale, c.-à-d. pathologique. D'autres traditions médicales, comme la médecine traditionnelle chinoise, la médecine tibétaine et la médecine ayurvédique, expliquent en détail comment la santé est le maintien d'un équilibre constamment changeant entre divers éléments en réponse aux circonstances extérieures et intérieures. Tout symptôme, quel qu'il soit, indique que cet équilibre est déséquilibré. Du reste, les résultats demeurent les mêmes : patho-n'importe quoi, signifie souffrance, détresse, mal-aise. Dans ces systèmes aussi, certains traitements rétablissent l'équilibre pour certaines personnes, mais pas chez d'autres. Nous faisons face encore au problème plus profond : comment trouver ce qui marchera pour qui ? Ou, plus profond encore, qu'est-ce qui fonctionnera pour tout le monde ?

Vous êtes en train de comprendre si vous venez de répondre « graines mentales ». Notre bonne santé, ou notre manque de santé résultent de la maturation continue des empreintes de notre enregistreur personnel sur la façon dont nous avons pris soin des autres. Rappelez-vous qu'elles ont probablement été enregistrées il y a fort longtemps, ou de façon très subtile. Et n'oubliez pas que nous réagissons constamment aux gens et aux choses dans notre monde d'une manière habituelle qui perpétue les résultats que nous connaissons. À ce stade, il n'est pas aussi important d'établir exactement les actions passées, mais plutôt de définir de nouvelles façons d'agir qui sèmeront les graines de l'amélioration de la santé que nous voulons.

Je vous propose un exercice en quatre parties pour vous aider à rédiger une *formulation d'identification appropriée* et succincte. (Voir l'annexe pour les causes réelles de la guérison)

D'abord, prenez le temps de réfléchir à vous-même. À l'aide de la liste d'examen des systèmes, dressez l'inventaire de votre état de santé actuel. Écrivez juste un mot ou deux pour chaque système. Quelle serait sa « bonne santé » pour vous ? Indiquez ensuite si vous l'avez ou si vous souhaitez l'améliorer.

Deuxièmement, passez en revue chaque système que vous aimeriez améliorer et décidez de son niveau d'importance. Utilisez une échelle de 1 à 5, où 1 étant le plus important et 5 le moins important.

Troisièmement, examinez tous vos « 1 » pour identifier un thème commun. Peut-être que vos « 1 » sont tous liés à la fatigue, au manque d'endurance, à l'ennui et à l'insomnie.

Quatrièmement, faites une brève *formulation d'identification appropriée* succincte et positive « Je veux... » qui reflète ce que vous avez décelé dans la troisième partie, p. ex. « Je veux l'énergie et la vitalité nécessaires pour accomplir ce que je veux faire. »

Parce que nous nous sommes engagés dans ce processus d'identification de nos idées de bonne santé et des défis spécifiques de santé que nous cherchons à améliorer, tous ces détails sont inclus dans notre énoncé « Je veux... » tel que perçu par notre inconscient. Nous n'avons pas besoin d'y inclure explicitement tous les détails. C'est comme si le jardinier choisissait soigneusement les légumes et les fleurs qu'il veut planter.

Il est essentiel que notre *formulation d'identification appropriée* « Je veux... » se concentre sur le positif. Évitez les mots comme non, pas, ne pas, ou d'autres, négatifs, tels que : « Je ne veux plus avoir de maux de tête. » Pour des raisons indéterminées, elle a moins d'effet sur l'inconscient qu'une formulation d'identification positive forte. C'est comme si on lui enlevait un élément en laissant un trou vide, au lieu d'y en ajouter un nouveau. La nouveauté positive chassera l'ancien. Le trou vide va aspirer l'ancien. Lorsque j'aidais les gens à arrêter de fumer, j'ai trouvé utile de leur demander (entre autres) de mettre quelque chose comme chewing-gum ou des cure-dents dans l'espace où ils avaient l'habitude de conserver leur paquet de cigarettes. Puis, lorsqu'ils prenaient l'habitude de prendre leurs cigarettes, ils trouvaient du chewing-gum. Chercher des cigarettes et n'en trouver aucune crée une anxiété de ne pas obtenir ce que l'on veut. Le fait d'aller chercher des cigarettes, et de plutôt trouver chewing-gum renforce le nouveau comportement sans fumée.

Nous avons maintenant notre Étape 1 : FORMULATION D'IDENTIFICATION APPROPRIÉE

« Je veux l'énergie et la vitalité pour faire les choses que je veux faire »

Bonnes pratiques conventionnelles en matière de santé

Maintenir un poids corporel idéal
S'engager dans un programme d'exercice régulier
Avoir une alimentation faible en gras saturés et riche en fibres, avec beaucoup de fruits et légumes
Suivre un bilan médical de santé préventif recommandations pour votre groupe d'âge
Tenir les vaccins à jour
Cesser de fumer ; ne pas commencer
Consommation modérée d'alcool
Se détendre souvent
Dormir suffisamment
Pratiquer une sexualité protégée
Brosser ses dents et utiliser la soie dentaire régulièrement
Être attentif à l'exposition au soleil en toute sécurité
Conduire prudemment
Éviter d'utiliser votre téléphone cellulaire en conduisant
Boucler toujours votre ceinture de sécurité.
S'abstenir de conduire en état d'ébriété
Assister aux Associations d'Alcooliques Anonymes ou à un groupe semblable si nécessaire
Rire beaucoup, surtout de soi-même !

LE CHIOT, LA PLUME ET LE JOUET À MÂCHER :

Étape 2 : Planification

Nous sommes prêts pour l'étape 2 : PLANIFICATION

La planification consiste à examiner comment nous pouvons aider les autres à obtenir ce qu'ils veulent, et qui est semblable à ce que nous voulons.

Nous planifions quels grains planter et par qui. Une fois que la jardinière a décidé ce qu'elle veut planter, elle détermine comment disposer les différents légumes et fleurs dans son espace. Cette jardinière sait que certains légumes s'épanouissent mieux sous le plein soleil ; d'autres préfèrent un peu d'ombre. Avec soin, la section de son jardin qui convient le mieux à ce qu'elle va planter est choisie. Ce qui optimise ainsi l'utilisation de son espace et la probabilité d'avoir des plantes heureuses.

De la même manière, notre prochaine tâche consiste à planifier les graines que nous devons planter et la façon de les ensemencer afin de commencer le processus pour obtenir le résultat que nous voulons obtenir à l'étape 1 : formulation d'identification appropriée. Rappelez-vous, ce que nous pensons, disons et faisons envers les autres, sont, ce qui plante nos semences. Nous devons donc déterminer ce que nous devons penser, dire et faire, et à l'égard de qui ils se rapportent à notre formulation d'identification « Je veux… ». Prenons notre exemple de vouloir l'énergie et la vitalité nécessaires pour faire tout ce que je veux. Cela signifie que je dois planifier des façons d'aider les autres avec leur niveau d'énergie et de vitalité.

Je soupçonne que vous supposez : « Si je savais comment améliorer mon énergie et ma vitalité, je le ferais pour moi ! » ou « Comment puis-je aider les autres si rien de ce que j'ai essayé n'a fonctionné pour moi ? » Reprenez-vous ici. Songez en termes de germes mentaux. Toute méthode que vous avez utilisée pour restaurer votre propre énergie qui n'a pas fonctionné pour vous pourrait très bien être celle qui marchera pour quelqu'un d'autre. Que cela fonctionne ou non dépendra aussi de leurs semences. Faire l'effort d'aider à améliorer leur santé est suffisant pour l'épanouissement des graines mentales, qui consistent à voir les autres vous aider. En continuant à coopérer, vous commencerez à les voir grandir en meilleure santé et, peu de temps après, vous deviendrez en meilleure santé.

Cette étape de planification demande un petit effort. Si vous avez déjà fait l'expérience de diverses méthodes de guérison, dressez une liste de celles-ci. Peut-être avez-vous essayé le massage, l'acupuncture, les médicaments, le Tai Chi, avec des résultats limités, même s'ils étaient recommandés pour votre condition. Faites un peu de recherche sur internet. Découvrez d'autres avis pour votre condition de santé. Cela vous donnera des idées de choses que vous pouvez utiliser ou suggérer à vos compagnons de santé dans vos efforts d'aide aux autres. Familiarisez-vous avec les bonnes pratiques générales de santé que vous pourrez partager.

Ensuite, nous devons trouver quelqu'un qui veut quelque chose qui ressemble à ce que nous voulons. Plus la correspondance est étroite, plus la méthode sera efficace. Selon la spécificité de votre énoncé « Je veux… », il peut être difficile de trouver une correspondance. Personnellement, je trouve cette partie la plus difficile. J'ai tendance à être plus introvertie, alors j'ai de la difficulté à interroger les gens sur leur santé ou leurs maladies,

sauf à titre professionnel. C'est une lacune qui est aussi le résultat de semences mentales. C'est de la bienveillance que de s'enquérir de ce que ressentent les gens et de les écouter attentivement. Pensons aux fois où l'on vous a montré que l'on se souciait de vous. Comment cela vous a-t-il nourri ? Il est vrai que vous avez aussi en arrière-pensée, la recherche d'une personne vivant une condition semblable à la vôtre. En attendant, vous avez planté des graines de bienveillance en écoutant les autres avec attention. Peut-être les conseillerez-vous au sujet de leur état, même si celui-ci n'est pas identique au vôtre. Bien sûr, n'hésitez pas à partager ce livre avec eux ! Tôt ou tard, quelqu'un vous demandera comment vous avez pu réaliser ce que vous avez concrétisé, grâce à ces *Quatre Étapes*. À ce moment-là, vous aurez hâte de parler de votre expérience, et donc leur apprendre « Les *Quatres Étapes* ». C'est la vraie méthode, celle qui fonctionne toujours... éventuellement ! Partagez-la ! Mais d'abord, vous voudrez vous la prouver à vous-même.

Cette partie devient un peu délicate. Nous en sommes encore au stade de la planification. Certaines choses restent encore à souligner au sujet de nos comportements avant de passer à l'étape 3 : action. L'essentiel est de garder à l'esprit : ce que nous faisons nous reviendra. Sans exception. Nous pouvons trop facilement devenir fanatiques en tentant d'offrir notre aide aux autres, au sujet de leur santé, quand peut-être ils ne sont pas intéressés par notre concours. Si nous ne souhaitons pas que l'on soit insistant, indiscret ou critique à notre égard, alors c'est à proscrire que de traiter ainsi les autres. Peut-être ne nous perçoivent-ils pas comme une ressource capable de les aider. Ne soyons pas offensés. Reconnaissons où nous rejetons l'appui des autres ou jugeons leur capacité à nous apporter (lié à la santé ou autrement). Tous nos efforts pour épauler les gens à obtenir ce qu'ils veulent (même si cela ne correspond pas exactement à nos désirs, besoins, etc.) augmentent la similitude du résultat dont nous recherchons la maturité.

L'attitude à l'égard du complice de santé est également importante. Nous pouvons les utiliser égoïstement uniquement pour les bénéfices de notre santé. Ces graines mûrissent au fur et à mesure que notre santé s'améliore et que nous sommes entourés de gens égoïstes qui nous utilisent à leurs fins.

Comprenant bien ce processus, nous soutiendrons les autres à mieux se sentir, en sachant que les effets secondaires de nos efforts se manifesteront tôt ou tard par : l'amélioration de notre état, tout en étant entourés de gens qui s'en soucient. Quelle attitude préfériez-vous ? À votre avis, laquelle préféreraient les gens ?

Trouver un match parfait (une étroite concordance)

Offert par Vimala Sperber

J'avais l'habitude de souffrir de migraines fréquentes et débilitantes. Dans le pire des cas, j'en avais toutes les deux semaines pendant plusieurs jours. Parce que mes pilules pour la migraine sur ordonnance coûtent 20 $ la pilule, je les ai utilisées avec parcimonie. Cela signifiait que je passais parfois 3 à 4 jours et 4 nuits dans une douleur terrible.

Je savais que mon amie Sarahni (l'auteur de ce livre) souffrait également de terribles migraines. Après avoir entendu parler du 4 X 4 par notre professeur, j'ai fait de Sarahni ma partenaire de soins de santé avec les migraines.

J'ai commencé à chercher d'autres remèdes holistiques contre la migraine. Mes parents m'ont envoyé des articles et des remèdes homéopathiques contre la migraine à partager avec Sarahni. Peu de temps après, notre professeur m'a suggéré d'essayer le Sumatriptan. Cela fonctionnait comme par magie et coûtait beaucoup moins cher.

J'ai dit à Sarahni combien le Sumatriptan était miraculeux. Je n'avais plus besoin de perdre tant de jours dans la douleur. Pourtant, les effets secondaires possibles l'ont fait fuir. J'ai alors commencé une pratique de méditation appelée Tonglen pour elle. C'est une méditation où j'imagine enlever sa douleur,

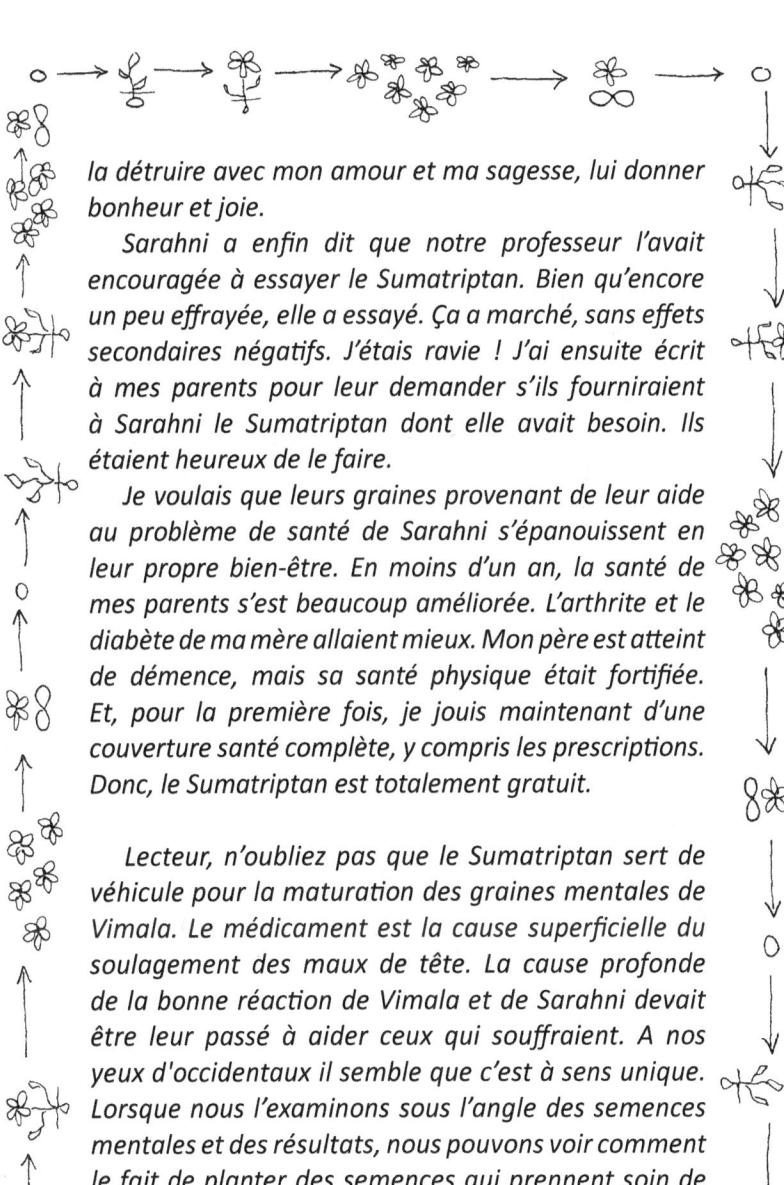

la détruire avec mon amour et ma sagesse, lui donner bonheur et joie.

Sarahni a enfin dit que notre professeur l'avait encouragée à essayer le Sumatriptan. Bien qu'encore un peu effrayée, elle a essayé. Ça a marché, sans effets secondaires négatifs. J'étais ravie ! J'ai ensuite écrit à mes parents pour leur demander s'ils fourniraient à Sarahni le Sumatriptan dont elle avait besoin. Ils étaient heureux de le faire.

Je voulais que leurs graines provenant de leur aide au problème de santé de Sarahni s'épanouissent en leur propre bien-être. En moins d'un an, la santé de mes parents s'est beaucoup améliorée. L'arthrite et le diabète de ma mère allaient mieux. Mon père est atteint de démence, mais sa santé physique était fortifiée. Et, pour la première fois, je jouis maintenant d'une couverture santé complète, y compris les prescriptions. Donc, le Sumatriptan est totalement gratuit.

Lecteur, n'oubliez pas que le Sumatriptan sert de véhicule pour la maturation des graines mentales de Vimala. Le médicament est la cause superficielle du soulagement des maux de tête. La cause profonde de la bonne réaction de Vimala et de Sarahni devait être leur passé à aider ceux qui souffraient. A nos yeux d'occidentaux il semble que c'est à sens unique. Lorsque nous l'examinons sous l'angle des semences mentales et des résultats, nous pouvons voir comment le fait de planter des semences qui prennent soin de la santé les a tous aidés.

Autres suggestions de bonnes pratiques en matière de santé

Tai Chi
Yoga
Natation
Qi gong
Médecine alternative/remèdes à base de plantes, homéopathie, ayurvédique, Médecine traditionnelle chinoise/acupuncture
Utiliser des suppléments nutritionnels appropriés
Marcher 20 minutes par jour
Étirer le corps
Utiliser des épices à des fins médicinales
Purification du foie, avec des conseils appropriés
Nettoyage des intestins, avec des conseils appropriés
Se détendre fréquemment
Dormir suffisamment
Utiliser un pot en filet pour garder les sinus dégagés.
Écouter de la musique régulièrement
Chanter
Danser
Jouer
Éviter l'exposition à la pollution
Prendre soin d'un animal de compagnie avec amour
Se faire masser régulièrement
Socialiser
Être présent et disponible pour les autres
Minimiser l'exposition au rayonnement
Respirer profondément
Sourire
Rire
Meditate regularly
Faire du bénévolat
Prenez soin de vore vie spirituelle
Discipliner votre comportement vers la bienveillance

Protéger la vie

> *Avoir nos besoins satisfaits, aimer et être aimé,*
> *se sentir en sécurité dans ce monde et que chacun connaisse*
> *notre but est une simple question de créer*
> *ces bénédictions pour les autres*
>
> – BRYANT MCGILL, Voice of Reason (Traduction libre)

Éventuellement, nous reconnaîtrons certaines choses au sujet de ces méthodes non conventionnelles d'amélioration de la santé. En effet, il nous manque les moyens les plus subtils de protéger la vie. Il s'agit là de ce que nous pensons, faisons et disons aux humains, ou de nos actions envers les animaux et les insectes. Dans le cadre de notre phase de planification, nous incluons l'examen comportemental actuel et passé, en termes de comment nous traitons les autres. Notre vie tirerait profit à ; cesser d'écraser des insectes ou d'utiliser des pesticides dans nos jardins ; s'arrêter prudemment aux panneaux d'arrêt en conduisant et en respectant la limite de vitesse, protégeant ainsi la vie de notre prochain ; promener régulièrement le chien, ou celui du voisin ; donner du sang ; faire du bénévolat dans  un centre de sauvetage (animal ou humain), etc. Mais, n'imposons pas ces idées non conventionnelles aux autres. Ne jugeons pas les autres par ce que nous les voyons faire. Aussi dur que cela puisse paraître, ce que nous voyons les autres faire, est une maturation de nos graines mentales. Changeons ces semailles.

Nous parlons toujours de notre plan d'action de soins de santé. J'ai appris ces *Quatre Étapes* sur une longue période. Je vivais au sein d'un groupe qui les avait aussi étudiés. On en est venu à s'appeler *les amis des Quatres Étapes*. Nous reconnaîtrions comment nous servions chacun en aidant à planter des graines particulières pour résoudre des problèmes. Si, nous ne nous retrouvions avec des personnes ne partageant pas cette façon de penser ni d'agir, dès lors, aucun besoin d'annoncer : « Je t'aide de cette manière afin que je puisse aussi m'aider ». Au bon moment, nous en parlerons. D'ici là, il est préférable de garder nos semences pour nous.

J'ai aussi découvert que c'est tout aussi puissant de demander de l'aide. Si je vois un individu souffrant d'un problème semblable au mien et que je sollicite sa participation à résoudre le mien, cela plante aussi bien des graines qui me permettent d'obtenir du soutien de multiples façons. Je constaterai qu'on réclamera mon aide. La personne qui a essayé de me donner un coup de main obtiendra l'aide dont elle a besoin, et finalement j'en recevrai aussi.

Cela soulève une autre question. Nous avons tendance à avoir des idées préconçues sur ce que signifie « l'aide » et « qui » peut nous la procurer. Les idées préconçues bloquent notre capacité à reconnaître les résultats de maturation, même lorsqu'ils viennent à nous. Nous rejetons peut-être la suggestion de quelqu'un, par exemple d'utiliser un jeûne à la pastèque, sans avoir d'abord étudié ses possibilités. Même si notre médecin nous donne un nouveau médicament qui coupe les maux de tête en une heure, au lieu des 18 heures, habituellement nécessaires pour que la douleur parte, nous pensons ne pas obtenir de « résultats de semence ». Nous nous attendions à ce que nos maux de tête disparaissent. Parce qu'elles ne l'ont pas (encore) fait, nous omettons d'attribuer le résultat positif d'un remède aidant, à la maturation de nos graines. Une partie de la magie des *Quatre Étapes* est d'observer, avec un esprit ouvert et curieux, comment les semailles plantées consciemment commencent à se manifester. Peut-être que les résultats seront subtils, peut-être évidents. Il est fort probable qu'il s'agira d'une combinaison des deux ! Mais dès que nous nous apercevons des effets, notre confiance dans la pratique des *Quatre Étapes* monte en flèche. On l'appliquera naturellement à d'autres aspects de sa vie.

Comment trouver autrement des partenaires de *Quatre Étapes*, des personnes aux prises avec des problèmes de santé comparables aux nôtres ? Les groupes de soutien sont désormais courants pour de nombreuses affections. Communiquez avec votre hôpital local ou le cabinet de votre médecin pour en trouver un qui vous convient. « Groupe de soutien ! Yuk ! » — s'exclame mon esprit. Maintenant que vous connaissez les graines mentales, les groupes de soutien doivent avoir beaucoup plus de sens. Vous aurez l'expérience de soutenir plusieurs personnes avec leur problème similaire juste en y étant présents. C'est ce qui explique pourquoi les groupes de soutien fonctionnent.

Si vos parents vivent toujours, mais éprouvent des problèmes de santé, ils font de bons partenaires de *Quatre Étapes*, même si leurs problèmes diffèrent du vôtre. Tout comme, vos professeurs de religion, si vous en avez, ou toute autre personne qui vous a beaucoup aidé d'une manière ou d'une autre. Alors, n'importe qui dans le besoin devient un bon candidat, faites du bénévolat au sein d'un refuge pour sans-abri, ou cuisiner au bénéfice d'une organisation de soupe populaire de temps à autre, se révèle d'excellents moyens de planter des graines en faveur de votre mieux-être.

Une fois que nous avons planifié ce sur quoi et avec qui, on se concentra pour planter nos semailles de soins de santé, on établit un plan avec ce partenaire de *Quatre Étapes*, pendant une période définie — que nous pourrons respecter. Celle-ci ne peut probablement pas être complètement clarifiée tant que vous n'avez pas trouvé votre moyen d'aider une personne en particulier. Une fois que cela est déterminé, vous organisez ensemble des modes spécifiques pour servir. Votre plan est terminé. Par exemple : « Je vais proposer d'emmener mon camarade de santé, nager deux fois par mois pendant quatre mois, puis je réévaluerai mon état de santé. » Bien sûr, plus nous offrons d'aide, plus vite nos propres résultats viendront. Nous devons cependant être raisonnables avec nos propres horaires et obligations. Participer à un peu d'activité de soins de santé avec régularité, fiabilité et haute intention, est un changement considérable, de notre tendance habituelle, pour influencer les schémas de nos maturations des semences.

Planifier tout cela et revoir régulièrement notre plan, instaure une partie puissante dans l'ensemencement des graines mentales, qui les fera mûrir rapidement ! C'est amusant de se détendre en fantasmant joyeusement sur les façons dont nous pouvons soutenir les gens dans leur mieux-être — par des moyens sains et légaux, bien sûr. Cette seule action plante des graines puissantes et en renforce des similaires déjà plantées.

LE SECRET POUR AMÉLIORER VOTRE SANTÉ ET VOTRE VIE

Les semences de l'amélioration de la vie / protéger la vie

Emmener quelqu'un à l'urgence ou au rendez-vous médical.
 lorsque l'occasion se présente
Promener le chien, n'importe quel chien... (avec la permission du propriétaire du chien, bien sûr)
Co-voiturage
Conduire prudemment et en toute sécurité
Déplacer les obstacles : au propre comme au figuré
Partager de l'information
Écouter les autres
Réutiliser, recycler pour minimiser les déchets
Préserver les ressources
Donner régulièrement du sang ou des plaquettes
Rester à la maison lorsque votre maladie est contagieuse
Pratiquer une bonne hygiène
Manger souvent des aliments végétariens
Choisir des œufs de poule en liberté
Servir des repas végétariens à d'autres personnes lorsque vous en avez l'occasion
Éviter de tuer les insectes
Profiter d'actes de gentillesse au hasard
Agir en pleine conscience pour le bien-être de tous
Emporter de l'eau supplémentaire
Libérer les vers de terre qui seraient utilisés comme appâts pour les poissons.
Libérer les poissons et grillons d'alimentation dans des environnements appropriés
Veiller à la sécurité à la maison et au travail
Aider les personnes handicapées
Être à l'affût des façons d'aider les autres
Éliminer les dangers
Sauver un animal de compagnie d'un refuge pour animaux et les soigner avec amour
Aider une autre personne à se rappeler de prendre ses médicaments tels que prescrits
Aider quelqu'un à faire de l'exercice régulièrement
Ajoutez vos propres idées....

Étape 3 : Action intentionnelle

Maintenant, nous plantons les graines. Comme nous l'avons déjà dit, nous pouvons implanter des semences d'une manière vague, ou avec un haut niveau de conscience de nos actes. Ces grains vaguement plantés restent en général longtemps dans ce mode de retard, de sorte qu'il est presque impossible de les reconnaître lorsqu'ils mûrissent. Tous ces germes mentaux plantés avec un haut niveau d'intention (positive ou, Dieu nous en garde, négative) sont renforcés et donc susceptibles de mûrir rapidement. Ils sont davantage reconnaissables en tant que résultats de ceux-ci.

Quelle est cette intention de haut niveau dont nous avons besoin ? En fait, il y a deux intentions, ou plus précisément, il s'agit d'une constituée de deux parties. Afin de planter ces graines mentales de façon à favoriser leur maturation rapide, nous devons clairement garder à l'esprit notre intention derrière nos actions, de même que notre compréhension profonde de « nous récoltons ce que nous semons ». Plus nous en sommes conscients lorsque nous interagissons avec notre partenaire de santé, plus ces semences sont plantées puissamment, ce qui demande de la pratique. Au début, nous pouvons réussir à nous le rappeler : « J'assiste à ce groupe de soutien sur la fatigue chronique pour me voir aider d'autres personnes atteintes de SFC (syndrome de la fatigue chronique) et pour m'améliorer ».

Rappelez-vous en encore une fois quand vous vous sentez fatigués (!) — ou frustrés. Rappelez-vous pourquoi vous êtes là. Essayez la technique à l'ancienne qui consiste à attacher une corde autour de votre doigt en guise de rappel d'intention, en y pensant dès que vous la voyez. Mettez une note autocollante sur votre sac à main ou une photo de

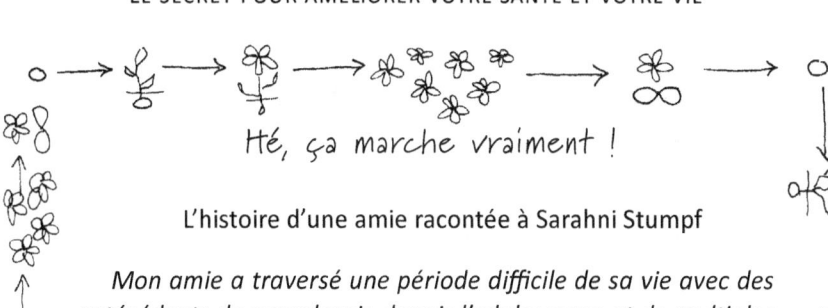

Hé, ça marche vraiment !

L'histoire d'une amie racontée à Sarahni Stumpf

Mon amie a traversé une période difficile de sa vie avec des antécédents de narcolepsie depuis l'adolescence et de multiples maladies auto-immunes, souvent non diagnostiquées, dont la pancréatite récurrente.

Appliquant les Quatre Étapes, elle a décidé de former un groupe de soutien en narcolepsie. Tout d'abord, elle en a parlé autour d'elle sur la façon d'en commencer un. Puis elle a rencontré une femme dont la fille souffrait de narcolepsie. Les deux se sont réunies pour annoncer le début d'un groupe. Le premier jour, elle s'attendait à ce qu'elles viennent toutes les deux. À sa grande surprise, 20 personnes sont arrivées, impatientes de partager leur condition, sa répercussion et ce qu'elles ont essayé de faire pour s'aider. Le groupe de soutien s'est agrandi.

Finalement, mon amie a trouvé un neurologue qui lui a prescrit un traitement à la suite duquel elle n'eut aucun effet secondaire. Miraculeusement, sa compagnie d'assurance l'a payé. Le médicament semblait lui permettre de parcourir de longues distances sans s'endormir, de se réveiller tôt, de rester concentrée au travail et même de travailler de longues heures.

Peu de temps après, elle a participé à une grande retraite de groupe au cours de laquelle elle était chargée de prendre des vidéos de tous les programmes. Cela l'obligeait à se lever tôt, d'être à l'heure, et à travailler jusqu'à tard en soirée. Même avec les médicaments, elle n'était pas sûre de pouvoir tenir son engagement. Elle a donc commencé à se réjouir du lancement de son groupe de soutien à la narcolepsie. Et ? Bien sûr, elle fut à l'heure, alerte et impatiente d'accomplir ses tâches, sans problème, puisqu'elle était en retraite. Le fait d'avoir vécu ce changement lui a donné une plus grande confiance dans la pratique qui consiste à conforter les gens en tant que force derrière le développement de ses capacités à les aider davantage. C'est ce qui nous apporte vraiment le bonheur !

pousses mentales sur une fiche à emporter avec vous. S'en souvenir souvent, c'est mieux !

La deuxième partie la plus importante de notre intention élevée plus importante concerne les chiffres. Lorsque nous nous « voyons » agir avec une intention élevée envers « un individu », afin qu'il en tire profit (et bien sûr nous aussi), nous plantons une graine puissante, qui va pousser. Lorsque nous nous « voyons » agir avec une intention élevée envers « dix autres », nous plantons dix puissantes graines mentales, qui vont toutes pousser. Lorsque nous plantons ces graines seulement dans l'intention de nous aider, ces graines puissantes vont mûrir en recevant l'assistance que nous voulions, mais par des gens qui agissent seulement pour obtenir ce qu'ils voulaient. Nous serons entourés d'un monde d'égoïstes. Ce n'est pas ce que nous cherchons. A l'inverse, nous souhaitons plutôt être entourés de gens heureux, aimables, n'est-ce pas ?

Nous pouvons augmenter la capacité de nos ensemencements et prévenir l'aspect égoïste en ajoutant dans notre intention élevée l'aspect suivant : que tout un chacun sache comment rester en santé en aidant autrui à le demeurer. Tout un chacun signifiant

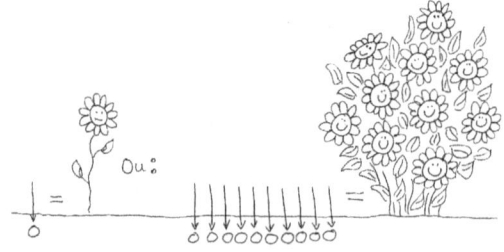

tout le monde en n'excluant personne. Combien de graines cela planterait-il si, en nous voyant entraider une personne, nous envisagions que tout le monde sur la planète puisse bénéficier de ce que nous faisons ? C'est en fait l'arme secrète ; la partie de l'intention qui rend les semences si puissantes qu'elles prennent le pas sur celles faites sans ce noble souhait. Nous pouvons augmenter leur puissance en imaginant avoir invité toutes les personnes souffrant de SFC dans le monde au groupe de soutien, afin qu'elles puissent toutes épauler les autres à devenir aussi en santé qu'elles le rêvent. Puis, dans notre imagination, les gens sortent tous et organisent aussi des groupes de soutien. Maintenant, tout le monde aide tout le monde. Bientôt plus personne n'est malade de quoi que ce soit. **Et nous avons entamé une révolution dans le domaine de la santé !**

« C'est une tendre imagination », pourriez-vous dire, probablement avec un doute dans votre esprit. Les graines mentales sont implantées par ce que l'on pense, dit et fait. Nos pensées nous permettent d'envisager une multitude d'actions impossibles à réaliser dans le physique : « Comment est-ce que je produis cela, tout en participant au groupe ? Ou en servant à la soupe populaire ou en emmenant ma vieille amie chez le médecin ? ». Si nous surveillons nos esprits, maintenant, nous prenons conscience de la myriade de choses auxquelles nous pensons pendant que nous sommes engagés dans autre chose. Il faut un certain effort et de la pratique pour diriger nos pensées dans cette nouvelle configuration puissante. Cela vaut la peine si cette explication sur les chiffres est vraie. Si ce n'est pas le cas, pour vous Le Thomas qui doute, il est toujours utile de cultiver la maîtrise des pensées aléatoires afin de planter des germes mentaux plus efficacement. Si nous pouvons nous prouver que ce système marche, nous acquerrons le pouvoir de lancer une révolution de nouveaux comportements que nous serons à même de diffuser dans le monde entier.

LE CHIOT, LA PLUME ET LE JOUET À MÂCHER :

Être le scientifique

Offert par Carlos Flores

Une fois que j'ai appris la technique du comportement intentionnel pour créer mon avenir, j'ai décidé d'expérimenter avec mes routines quotidiennes, surtout celles du travail. C'est en fait l'endroit où certains des résultats les plus notoires ont émergé.

La première activité que j'ai identifiée comme étant la plus répétitive et la plus exécutée au travail était sans équivoque d'aller aux toilettes. De cette activité, c'est le lavage et le séchage des mains qui ont été les plus pratiqués. La salle de bain avait de vieux distributeurs de serviettes manuels. En gros, vous appuyiez plusieurs fois sur un levier afin d'obtenir suffisamment de papier pour vous sécher les mains. J'ai décidé de transformer cette action en une action plus significative. Pour ma première expérience, j'ai commencé à laisser une serviette prête pour l'utilisateur suivant après m'être essuyé les mains. J'avais un certain espoir honnête que l'utilisateur éprouverait un séchage plus expéditif des mains afin d'arriver plus rapidement à son prochain but.

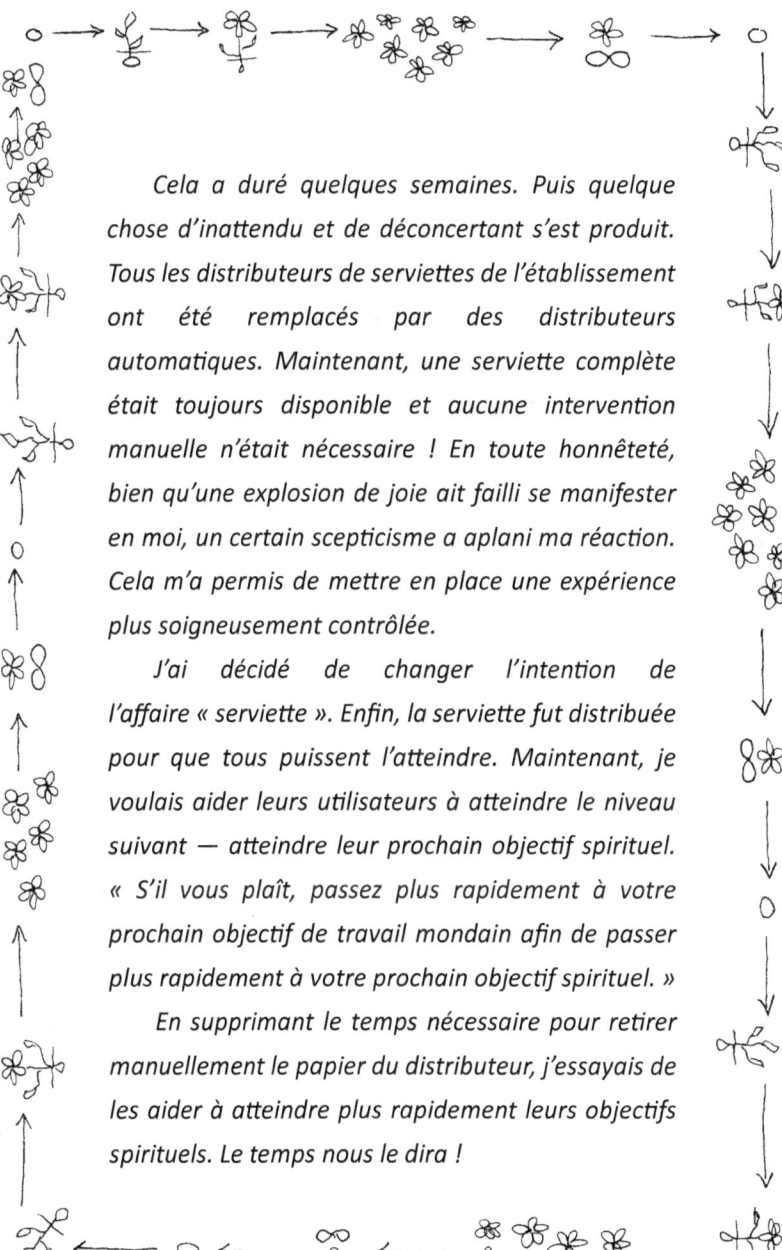

Cela a duré quelques semaines. Puis quelque chose d'inattendu et de déconcertant s'est produit. Tous les distributeurs de serviettes de l'établissement ont été remplacés par des distributeurs automatiques. Maintenant, une serviette complète était toujours disponible et aucune intervention manuelle n'était nécessaire ! En toute honnêteté, bien qu'une explosion de joie ait failli se manifester en moi, un certain scepticisme a aplani ma réaction. Cela m'a permis de mettre en place une expérience plus soigneusement contrôlée.

J'ai décidé de changer l'intention de l'affaire « serviette ». Enfin, la serviette fut distribuée pour que tous puissent l'atteindre. Maintenant, je voulais aider leurs utilisateurs à atteindre le niveau suivant — atteindre leur prochain objectif spirituel. « S'il vous plaît, passez plus rapidement à votre prochain objectif de travail mondain afin de passer plus rapidement à votre prochain objectif spirituel. »

En supprimant le temps nécessaire pour retirer manuellement le papier du distributeur, j'essayais de les aider à atteindre plus rapidement leurs objectifs spirituels. Le temps nous le dira !

Une méthode utile d'entraînement à diriger notre esprit avec conscience est d'écrire notre intention sur une feuille de papier, que nous emportons avec nous. « Je participe à ce groupe de soutien du SCF pour me voir en train d'aider les autres membres du SCF. Je peux ainsi créer un monde où chacun sait que pour obtenir ce qu'il veut, il doit d'abord aider les autres à obtenir ce qu'ils veulent. Je commence une RÉVOLUTION DE SOINS DE SANTÉ ! » Lisez-la tôt dans la journée ; avant de partir pour le groupe de soutien ; avant de sortir de votre voiture ; avant d'entrer dans la pièce ; pendant la rencontre, ou au moins, souvenez-vous-en ; à la fin de la rencontre ; et à nouveau avant d'aller au lit.

Chaque fois, pensez avec plaisir, comment avez-vous prêté main-forte aux autres ? Observez et rappelez-vous des signes indicateurs d'appréciation de votre intérêt à leur égard pendant vos interactions. Les gens peuvent ressentir quand une personne prend vraiment soin d'eux et qu'elle aime ça ; c'est agréable pour nous, ce qui renforce ce nouveau comportement.

Étape 4 : Se Réjouir

1 +2 +3

Maintenant, nous avons clairement déterminé les résultats envisagés. Nous avons planifié quelles graines planter, et, par l'entremise de qui. Nous avons mis en œuvre notre programme et nous faisons nos actes de soins de santé avec ces deux hautes intentions. Mais, nous n'avons toujours pas terminé les *Quatre Étapes*, nécessaires, à la croissance rapide de ces semailles exceptionnelles.

> Lorsque vous accomplissez des actes de gentillesse,
> Vous obtenez un sentiment merveilleux à l'intérieur.
> C'est comme si quelque chose à l'intérieur
> de votre corps répond et dit,
> « Oui, c'est ce que je suis censé ressentir. »
>
> —Harold Kushner (Traduction libre)

Cette 4e étape est celle de la réjouissance : de l'accomplissement de nos bonnes actions. C'est une partie cruciale qui dit à notre subconscient : « J'ai fait ce que j'ai dit que j'allais faire. Je suis content de l'avoir fait. Et j'ai hâte de le refaire. » Se réjouir, ou être

heureux de la bonté de nos efforts, c'est l'eau que la jardinière doit utiliser pour les faire germer, pousser et s'épanouir. Sans eau, ces graines resteront dormantes. Êtes vous déjà allés dans le désert ? Dans le sud-est de l'Arizona, il y a de la terre nue entre les plantes qui y poussent là, des roches et de la terre, chaude et sèche. Pendant des années et des années, c'est comme ça. Occasionnellement, la pluie tombe au bon moment, à l'automne, puis au printemps, et soudain, ces endroits dénudés sont remplis de fleurs

sauvages colorées. Des champs de coquelicots dorés, de lupin bleu, de rose ou d'autre chose. C'est extraordinaire, à couper le souffle. Ils durent quelques semaines, puis fanent et disparaissent. Ce n'est pas ce que nous voulons pour nos nouvelles graines mentales de comportements, qui n'apparaissent qu'en de rares occasions,

LE CHIOT, LA PLUME ET LE JOUET À MÂCHER :

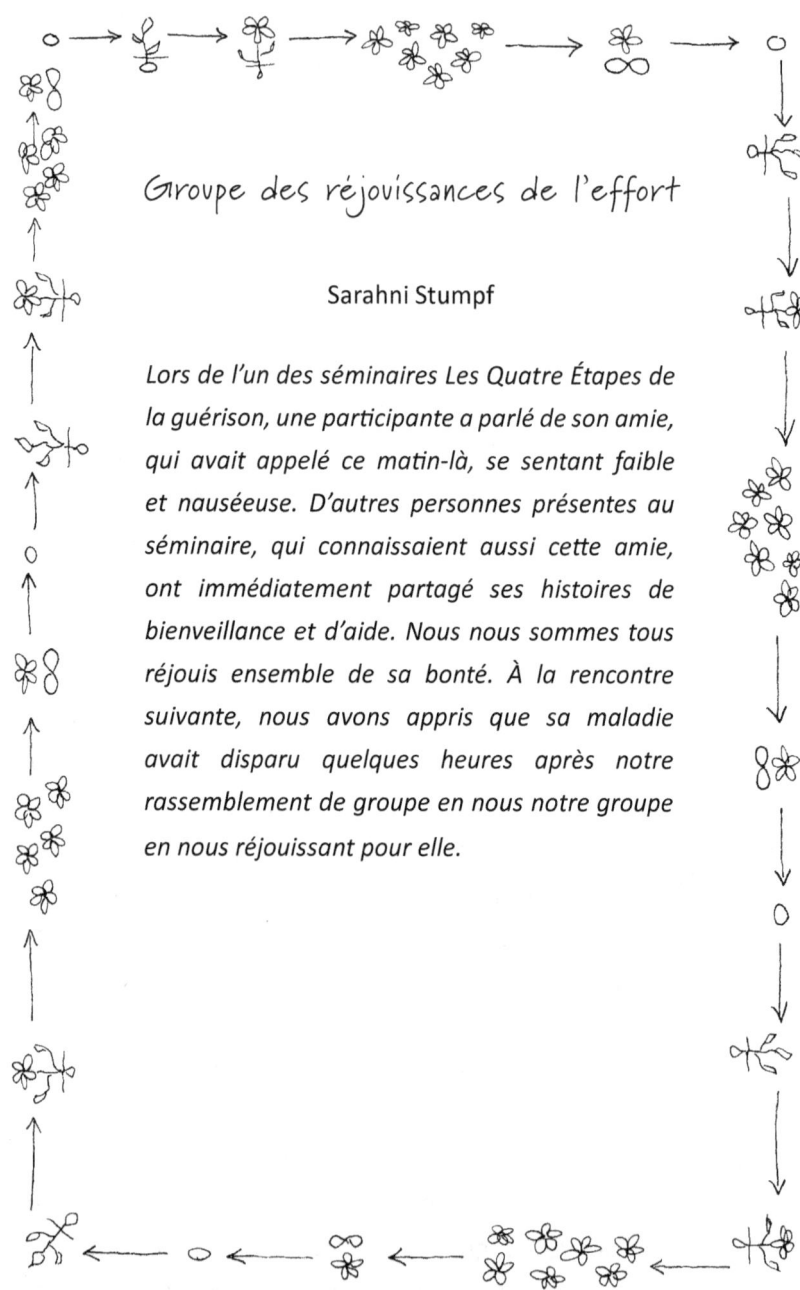

Groupe des réjouissances de l'effort

Sarahni Stumpf

Lors de l'un des séminaires Les Quatre Étapes de la guérison, une participante a parlé de son amie, qui avait appelé ce matin-là, se sentant faible et nauséeuse. D'autres personnes présentes au séminaire, qui connaissaient aussi cette amie, ont immédiatement partagé ses histoires de bienveillance et d'aide. Nous nous sommes tous réjouis ensemble de sa bonté. À la rencontre suivante, nous avons appris que sa maladie avait disparu quelques heures après notre rassemblement de groupe en nous notre groupe en nous réjouissant pour elle.

lorsque les conditions s'avèrent favorables. Nous voulons des fleurs sauvages du désert chaque année pour tous !

Afin de voir venir vers nous et de continuer de voir venir vers nous, ce que nous désirons, nous devons prendre l'habitude de nous réjouir de nos bonnes semences chaque jour. Nous pouvons réserver du temps durant nos journées bien remplies, pour notre pratique de réjouissance. Il est bon de prendre l'habitude de le faire à une même heure chaque jour, ou chaque soir, en vue de cimenter cette habitude. Par ailleurs, n'importe quel moment est bien mieux que pas du tout. Mon professeur recommande de nous réjouir juste au moment où nous nous couchons pour nous endormir. *Mettez-vous à l'aise, enseigne-t-il, levez un bras avec la main sous la tête, regardez le plafond d'un regard lointain et rêveur, puis pensez aux bonnes semences que vous avez implantées en repassant mentalement vos Quatre Étapes (peu importe, quand, vous les avez faites). Souvenez-vous les avoir planifiées. Souvenez-vous avoir tenu votre intention élevée. Souvenez-vous des actions faites pour aider quelqu'un. Comment a-t-il été reconnaissant ? Souvenez-vous à quel point vous en êtes content et souvenez-vous que vous le ferez à nouveau, bientôt.*

Le point ici c'est de ressentir du contentement pour ce que vous avez accompli. Vous n'avez pas besoin de vous arrêter à une seule bonne action, non plus. N'hésitez pas à vous réjouir des actes de bienveillance que vous avez effectués, ou de ceux dont vous avez été témoin, récemment, ou il y a longtemps. Réjouissez-vous des mêmes semences aussi souvent que vous le souhaitez — elles n'ont pas de date de péremption. Les réjouissances sont illimitées.

Je dois admettre que je m'endors souvent avant d'avoir fini ma liste. Après plusieurs mois de cette pratique, cependant, j'ai constaté que si je m'endormais au milieu de mes réjouissances, quand je me réveillais au milieu de la nuit, je les reprenais automatiquement où je m'étais arrêtée.

Les personnes dont la vie familiale est occupée peuvent avoir besoin d'un moment différent pour planifier leur temps de réjouissance. Peut-être que le seul moment où vous pouvez être seuls, c'est dans votre voiture en vous rendant au travail. Prenez des dispositions pour quitter votre maison quinze à vingt minutes à l'avance, et asseyez-vous simplement dans votre voiture avant de partir, en prévision de vous réjouir. Tout comme, pendant l'heure du repas, ou encore, dans votre voiture, avant de rentrer à la maison. Expérimentez ce qui vous convient, toutefois ne le manquez pas.

Une autre option consiste à partager votre joie avec votre famille. Peut-être même que tous pourraient partager leurs bonnes actions du jour lors du dîner. Imaginez l'impact que cela aurait sur les semences de tout le monde !

Curieusement, beaucoup de gens éprouvent de grandes difficultés avec cette simple étape des *Quatre Étapes*. J'en faisais partie. Chaque fois que je me rappelais les bonnes pousses

que j'avais plantées, mon esprit me rappelait immédiatement mes défauts : je n'ai pas fait ce que j'avais prévu d'exécuter assez bien, ou mon intention n'était pas assez consciente, ou je voulais faire quelque chose, et ensuite, j'avais omis de la faire. Il m'a fallu des efforts concertés pour mettre fin à cette habitude.

LE SECRET POUR AMÉLIORER VOTRE SANTÉ ET VOTRE VIE

Ma joie pour les autres
Sarahni Stumpf

Ma nièce avait une grosse bosse à la thyroïde. Sa mère avait développé un cancer de la thyroïde à peu près au même âge. Elles vivaient naturellement dans l'inquiétude et attendaient avec impatience le rendez-vous pour la biopsie, qui avait lieu dans une semaine environ. J'ai demandé à ma sœur de me dire ce que sa fille avait fait dans le passé pour aider quelqu'un à améliorer sa santé et son bien-être. Elle a dit que la première colocataire de sa fille à l'Université avait développé un diabète insulinodépendant au cours du premier semestre. Ma nièce fut alors formée pour aider son amie à surveiller et à gérer cette maladie dévastatrice, ce qui lui a permis de rester à l'école.

Nous nous sommes réjouis de cette bonté ensemble et j'ai continué à m'en souvenir avec joie, en lui envoyant mes intentions pour une issue positive. La masse s'est avérée être un kyste bénin, beaucoup plus commun, bien sûr, que le cancer. Cependant, jusqu'à ce qu'il ait été entièrement diagnostiqué, il n'était ni bénin ni malin.

Maintenant, chaque fois que quelqu'un me parle d'un problème qu'il a ou qu'un de ses proches a, je lui demande de partager plusieurs façons dont il a aidé d'autres personnes souffrantes de problèmes similaires. Je les encourage à se souvenir de ces actes avec plaisir et à consacrer leur bonté à une issue positive à la difficulté actuelle. Moi aussi, je me réjouis à plusieurs reprises de leurs bonnes actions, consacrant mes efforts à leurs résultats positifs.

Se culpabiliser pour une erreur ou un échec n'est jamais vraiment utile.

Cela aide de se souvenir de la « tendre imagination » de chacun dans votre monde où tout le monde s'entraide à réaliser ses désirs sains en plantant des graines mentales. Souvenez-vous combien ça fait du bien de ressentir que nous contribuons. Les implications sont vastes. Chaque petit changement que nous apportons dans nos relations personnelles, avec l'amour bienveillant, comme guide, fera une énorme différence à long terme. Être heureux avec soi-même, de ses efforts, et avec les occasions qui continuent à se présenter ; c'est arroser ces graines de bonté pour qu'elles puissent germer et pousser. Cela stimule leur maturation, en raccourcissant le délai. Nous remarquerons des changements. Peut-être qu'un plus grand nombre de personnes avec un problème semblable au nôtre se mettra à notre disposition, ce qui accroîtra nos occasions favorables à aider. De nouvelles méthodes de guérison peuvent apparaître. Ou nous nous sentons simplement plus joyeux, car interagir avec autrui dans l'intention de les conforter, d'une manière ou d'une autre, demeure toujours agréable. Quelle que soit l'amélioration, elle ne fera que renforcer notre expérience du processus des *Quatre Étapes*, simplifiant ainsi chaque étape.

Au fur et à mesure des résultats positifs qui se cristallisent, nous gagnerons en confiance en nous et dans la méthode jusqu'à ce que nous soyons convaincus de sa vérité. Dès lors, nous pouvons facilement l'appliquer à divers aspects.

Voici les *Quatre Étapes* pour créer les causes des résultats que nous aimerions expérimenter dans le futur ; de notre vie, que nous avons envie d'améliorer ; les relations, la prospérité, la paix, les questions environnementales, etc. Il n'y a pas de limites à ce que l'on peut créer. À un moment donné, durant votre parcours d'entraide, vous gagnerez une certaine confiance en vous. Au moment opportun, vous pourrez dire à votre complice de santé : « Vous savez, afin que les suggestions de guérison que nous avons partagées entre nous fonctionnent, vous aurez besoin d'aider une personne à améliorer sa santé. Ainsi vous plantez les graines dans votre esprit pour amener l'expérience de bien-être ».

Ils ne comprendront pas, et vous devrez forcément partager le devrez partager le *4X4* avec eux. Puisque vous le connaîtrez si bien, vous pourrez le faire. Cela promouvra la révolution des soins de santé et fera monter en flèche les graines de la bonté dans votre esprit.

Révision des Quatre Étapes

Étape 1. Formulation d'identification appropriée de ce que nous voulons vraiment en un sens précis, concis et positivement énoncé.

Étape 2. Planifier les activités qui répondront aux critères d'être les causes des résultats recherchés et avec qui l'on exécutera notre plan. Établir ensemble un échéancier des activités et s'engager. Puis, prendre plaisir à actualiser le plan dans votre esprit en le révisant tous les jours.

Étape 3. Garder intentionnellement à l'esprit notre compréhension de l'ensemencement de graines mentales, pendant l'exécution de notre activité planifiée. De plus, avoir pour grand idéal d'être celui qui fera connaître cette méthode ; créer une révolution des comportements, tout en se réjouissant de nos bonnes actions.

Étape 4. Se réjouir de la bonté que nous avons créée. S'en souvenir, ressentir du contentement, se remémorer le plaisir qu'elle semble apporter aux autres. Étendre cette réjouissance à nos actes de bonté que nous avons accomplis et être déterminé à en partager d'autres demain.

Donc, vous voyez, ce n'est pas si difficile que ça. Par contre, cela n'arrivera pas miraculeusement si vous ne possédez pas déjà les graines. Appliquez-vous un peu et vous obtiendrez un

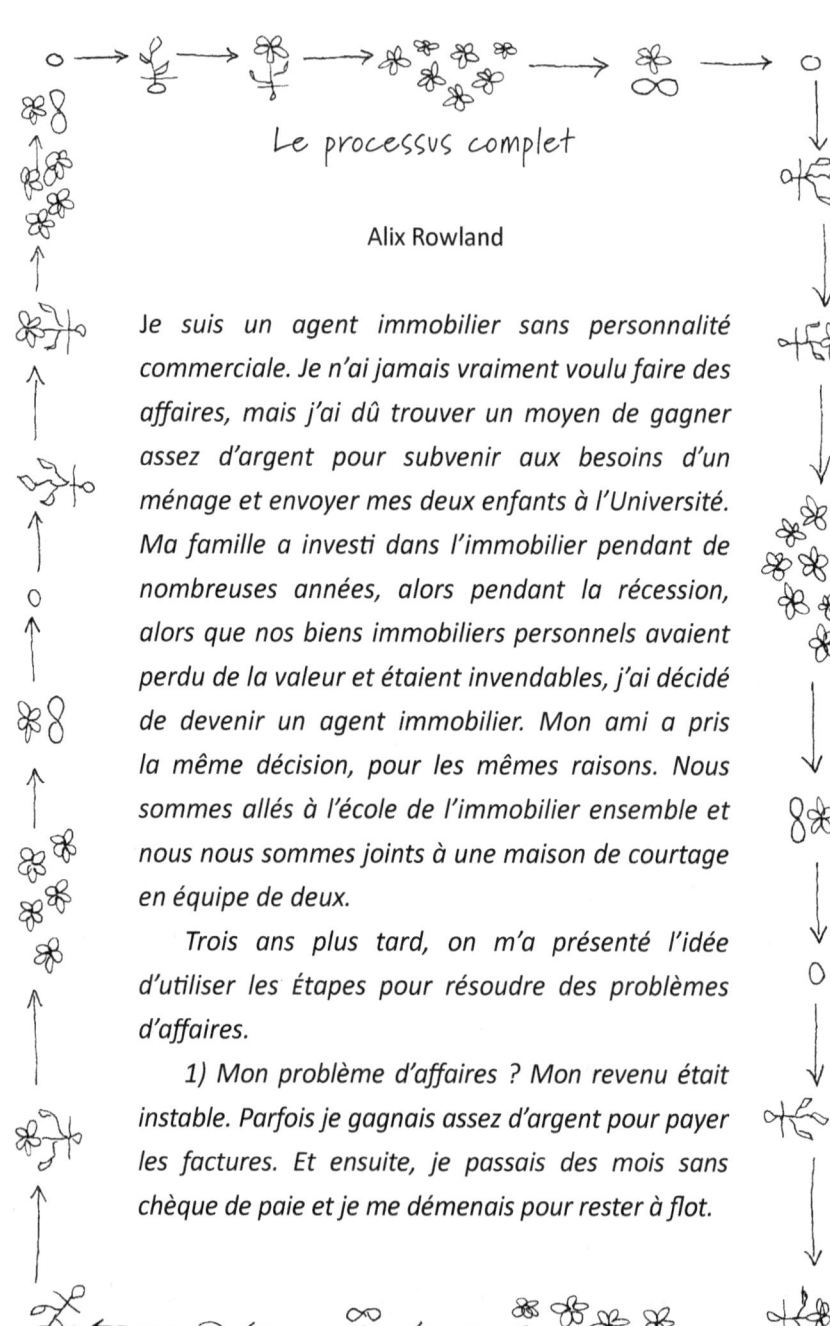

Le processus complet

Alix Rowland

Je suis un agent immobilier sans personnalité commerciale. Je n'ai jamais vraiment voulu faire des affaires, mais j'ai dû trouver un moyen de gagner assez d'argent pour subvenir aux besoins d'un ménage et envoyer mes deux enfants à l'Université. Ma famille a investi dans l'immobilier pendant de nombreuses années, alors pendant la récession, alors que nos biens immobiliers personnels avaient perdu de la valeur et étaient invendables, j'ai décidé de devenir un agent immobilier. Mon ami a pris la même décision, pour les mêmes raisons. Nous sommes allés à l'école de l'immobilier ensemble et nous nous sommes joints à une maison de courtage en équipe de deux.

Trois ans plus tard, on m'a présenté l'idée d'utiliser les Étapes pour résoudre des problèmes d'affaires.

1) Mon problème d'affaires ? Mon revenu était instable. Parfois je gagnais assez d'argent pour payer les factures. Et ensuite, je passais des mois sans chèque de paie et je me démenais pour rester à flot.

LE SECRET POUR AMÉLIORER VOTRE SANTÉ ET VOTRE VIE

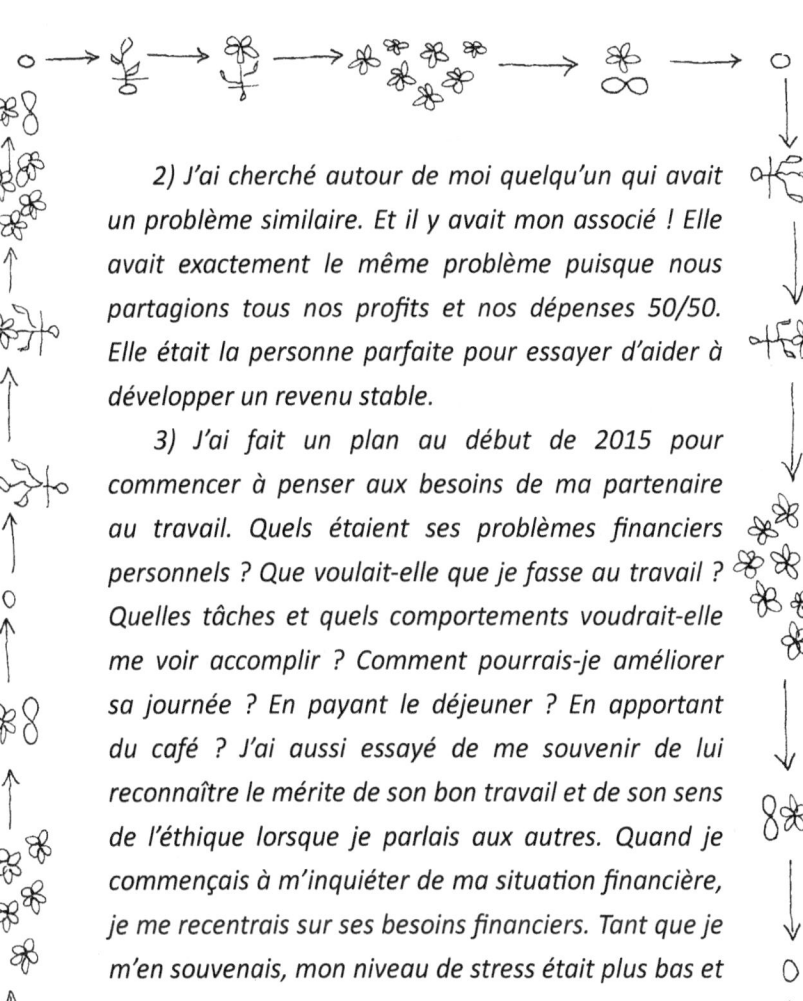

2) J'ai cherché autour de moi quelqu'un qui avait un problème similaire. Et il y avait mon associé ! Elle avait exactement le même problème puisque nous partagions tous nos profits et nos dépenses 50/50. Elle était la personne parfaite pour essayer d'aider à développer un revenu stable.

3) J'ai fait un plan au début de 2015 pour commencer à penser aux besoins de ma partenaire au travail. Quels étaient ses problèmes financiers personnels ? Que voulait-elle que je fasse au travail ? Quelles tâches et quels comportements voudrait-elle me voir accomplir ? Comment pourrais-je améliorer sa journée ? En payant le déjeuner ? En apportant du café ? J'ai aussi essayé de me souvenir de lui reconnaître le mérite de son bon travail et de son sens de l'éthique lorsque je parlais aux autres. Quand je commençais à m'inquiéter de ma situation financière, je me recentrais sur ses besoins financiers. Tant que je m'en souvenais, mon niveau de stress était plus bas et j'étais plus heureuse au travail.

4) Presque tous les soirs en m'endormant, je me suis souvenu des bonnes choses que j'avais faites ce jour-là qui ont aidé ma partenaire, notre entreprise et les gens avec qui nous faisons affaire. Je me réjouissais d'avoir

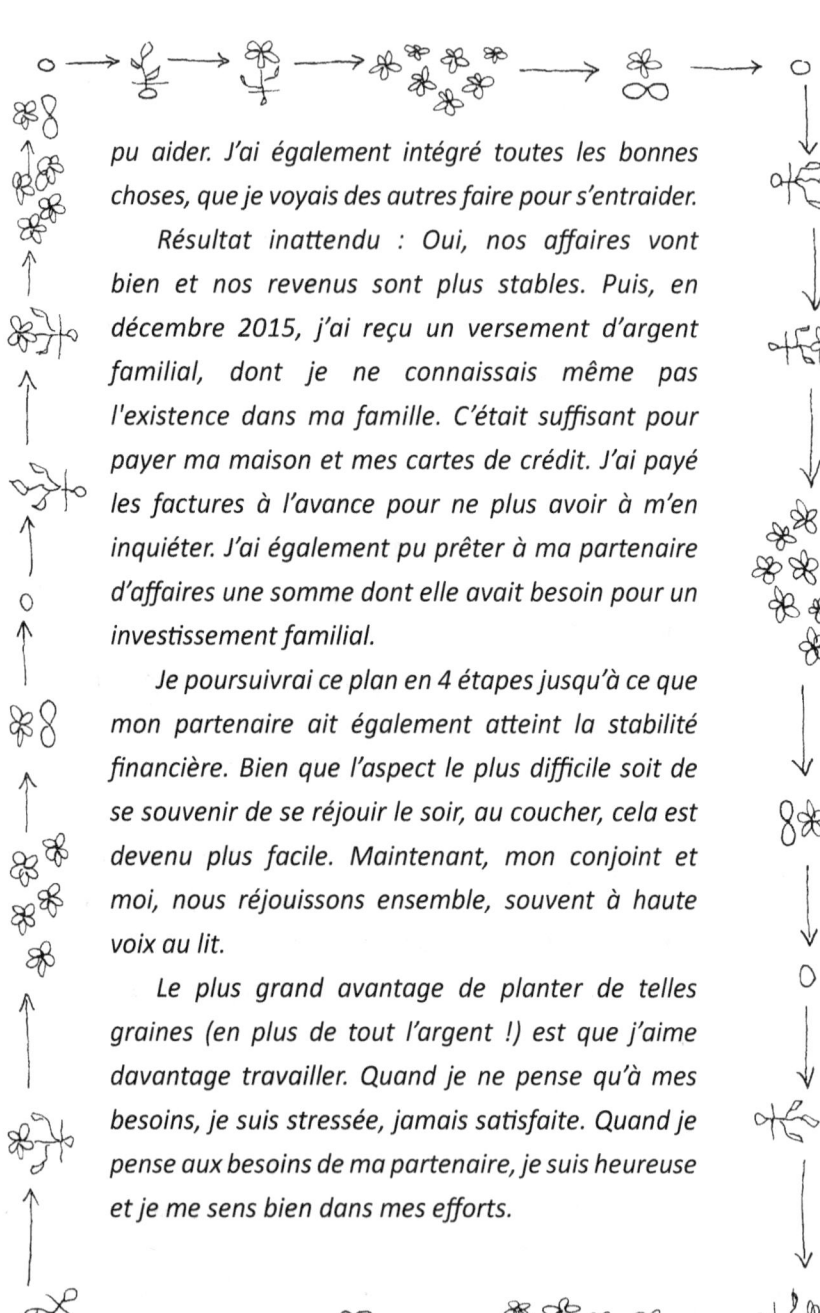

pu aider. J'ai également intégré toutes les bonnes choses, que je voyais des autres faire pour s'entraider.

Résultat inattendu : Oui, nos affaires vont bien et nos revenus sont plus stables. Puis, en décembre 2015, j'ai reçu un versement d'argent familial, dont je ne connaissais même pas l'existence dans ma famille. C'était suffisant pour payer ma maison et mes cartes de crédit. J'ai payé les factures à l'avance pour ne plus avoir à m'en inquiéter. J'ai également pu prêter à ma partenaire d'affaires une somme dont elle avait besoin pour un investissement familial.

Je poursuivrai ce plan en 4 étapes jusqu'à ce que mon partenaire ait également atteint la stabilité financière. Bien que l'aspect le plus difficile soit de se souvenir de se réjouir le soir, au coucher, cela est devenu plus facile. Maintenant, mon conjoint et moi, nous réjouissons ensemble, souvent à haute voix au lit.

Le plus grand avantage de planter de telles graines (en plus de tout l'argent !) est que j'aime davantage travailler. Quand je ne pense qu'à mes besoins, je suis stressée, jamais satisfaite. Quand je pense aux besoins de ma partenaire, je suis heureuse et je me sens bien dans mes efforts.

petit résultat qui prendra beaucoup de temps ou sera difficile à reconnaître. Appliquez-vous comme si votre vie en dépendait et vous serez étonné des changements que vous vivrez. Passez un peu de temps chaque jour à garder votre formulation d'identification appropriée « Je veux... », ainsi qu'à votre plan pour aider les autres frais dans votre esprit. Modifiez-le au besoin, mais ne changez ni votre « Je veux... » ni le plan, tant que vous n'avez pas rempli votre engagement initial, pas encore. Vous n'aurez peut-être pas besoin d'altérer, du tout, ce que vous faites. Après 4 à 6 mois, révisez votre liste d'inventaire de sujets de santé en regardant ce qui a varié et ce qui a maintenant besoin d'attention. Énoncez à nouveau une formulation d'identification appropriée « Je veux... » et un plan neuf, détaillez-le d'actions renouvelées, puis ajoutez cette nouvelle réjouissance aux anciennes.

Désherbage des semences indésirables

*Nous plantons des graines qui fleuriront
comme résultat dans nos vies,
Il est donc préférable d'éliminer les mauvaises herbes
de la colère, de l'avarice, de l'envie et du doute,
que la paix et l'abondance puissent se manifester pour tous*

—DOROTHY DAY (Traduction libre)

Un jour, un homme m'aborda en me faisant part de la situation suivante : « Je vois le puissant potentiel de ce que vous avez partagé, me dit-il, mais je n'ai pas de problème de santé. C'est plutôt mon épouse qui en a un. Elle est trop malade pour s'engager dans des actes de soins de santé aux autres, et se sent trop mal en point, pour même écouter cette histoire de semences. Y a-t-il moyen avec mes *Quatres Étapes* de lui venir en aide ? ».

Ceci nous amène au 4ième du *4X4* : les *Quatre Pouvoirs* pour éliminer les graines que nous avons, lesquelles causent ou causeront des choses, dont nous ne voulons pas.

Les textes anciens enseignent ce concept de non-existence en soi, ou sans nature en soi, de la nature vide de toutes choses, un point qui est profondément caché, ce qui signifie qu'il est très difficile d'en faire l'expérience directement. Et ils disent que le fonctionnement particulier des semences mentales qui créent nos expériences est exceptionnellement profondément caché. Ses implications sont si compliquées et si vastes qu'elles vont au-delà de l'intellect humain à les sonder. Mais nous pouvons en comprendre suffisamment le principe pour l'utiliser. En résumé : Si nous vivons quelque chose de désagréable, il s'agit d'un mûrissement de notre désagrément passé similaire, causé à un tiers. Si, nous vivons quelque chose d'agréable, il s'agit plutôt de la maturation d'une similaire amabilité dans le passé, envers de tierces personnes. Si notre conjoint est malade et que nous trouvons cela désagréable, car nous voulons son bien-être et son bonheur, nous devons reconnaître que cette situation reflète le fait que nous nous sommes comportés de telle sorte, qui a rendu des êtres malades et les a maintenus ainsi. Il est probable qu'il y a encore des façons subtiles d'agir qui ont des conséquences négatives sur la santé et le bonheur de nos semblables. Afin d'aider notre conjoint, nous devrions éliminer ces graines. Donc, arrêtons ces comportements, en les transformant en agissements qui soutiennent la vie, la santé et le bonheur des gens, de même que notre conjoint.

Les Quatre Pouvoirs

Il y a quatre parties à cette méthode pour éliminer les semences négatives. Tout comme pour les *Quatre Étapes*, les quatre parties doivent être incluses en prévision d'être réussies. Et tout comme pour les *Quatre Étapes*, les *Quatre Pouvoirs* vaguement appliqués donnent des résultats vaguement reconnaissables. L'utilisation de *Quatre Pouvoirs* donne des résultats puissants.

Les *Quatre Pouvoirs* :

1. Reconnaissance
2. Regret
3. Remède
4. Restriction

La reconnaissance comporte plusieurs niveaux. Elle commence par cette première prise de conscience que nous devons avoir des semences négatives dans notre esprit parce que des choses désagréables nous arrivent. En acceptant cela, nous voulons naturellement éviter autant que possible, ces maturations de semences désagréables. Nous nous rappelons notre compréhension des graines mentales, et de la façon dont elles se retrouvent plantées. Nous devons donc parvenir à la conclusion que nous avons planté ces semailles mentales négatives par le biais de nos pensées, paroles et/ou actes passés. Nous acceptons la responsabilité, en même temps nous nous consolons du fait que nous pouvons aussi être responsables de leur élimination. Il y a un certain sentiment de soulagement ou de protection qui vient de la connaissance de ce processus de semences mentales et de son sarclage. D'une part en sachant ce que nous pouvons faire pour l'influencer consciemment. D'autre part en gardant à l'esprit que les résultats ne sont pas instantanés.

Ensuite, nous devons à nouveau dresser un inventaire de soi-même et de nos comportements. Nous recherchons des habitudes de pensée, de parole et d'action qui s'avèrent grossièrement ou subtilement nuisibles, qui permettent de démêler les causes de maladies induites chez autrui. Cela exige de l'honnêteté et la volonté de regarder des aspects de soi, dont nous ne sommes peut-être pas si fiers.

Ça facilite l'exercice quand nous pouvons le faire sans porter de jugement dans le cadre de cette étape de sarclage, au lieu de nous contenter de souligner nos lacunes. Comprendre comment ces comportements passés ont été induits par nos perceptions erronées des vraies causes de toutes les expériences, aide à cultiver ce cœur sans jugement. C'est un acte de compassion que de reconnaître la croyance erronée qui a coloré nos choix de comportement. C'est un acte de compassion que de faire grandir le désir de changement.

C'est tout un art que d'utiliser les désagréments vécus par soi-même ou par d'autres. On peut les utiliser comme un guide, un reflet de ses propres comportements.

Parfois, le lien est très évident. Supposons que vous êtes conscient d'avoir un problème de caractère ; celui de vous énerver de temps en temps. Puis une nouvelle personne se présente dans votre vie qui est sujette à des accès de rage. Si vous êtes un *4X4* (iste), vous reconnaîtrez immédiatement la croissance et la maturité de vos colères passées. Vous déciderez probablement de faire quelque chose à leur sujet.

Souvent, ce n'est pas si évident, surtout en ce qui concerne la santé. Il peut être utile de passer en revue les listes de modalités conventionnelles et non conventionnelles qui contribuent à une bonne santé et améliorent la vie — voir l'annexe. On considère comment son comportement envers les autres soutient leur santé et leur bien-être, ou interfère avec ceux-ci. Peut-être que certains des membres du bureau sont en surpoids ou font du diabète. Pourtant, on continue d'apporter des biscuits à partager avec tout le monde puisque ce geste les rend heureux. Voyez — vous comme c'est délicat ? Oui, cette action les rend heureux sur le moment, ou semble le faire, mais leur nuit à long terme. C'est ainsi qu'on a planté des graines qui se développent en affectant l'effort d'un tiers désireux de rendre heureux. On pourrait décider d'offrir des friandises bonnes pour la santé à partager, pour améliorer la santé. On vérifie ses propres comportements, pour voir ce que l'on doit changer, afin de se concentrer à la fois sur le bonheur et la santé, tout en aidant.

Prenez une semaine ou deux pour porter une attention particulière aux diverses situations qui surviennent dans vos échanges avec les autres. Surveillez les habitudes que vous savez maintenant être à l'origine de l'ensemencement de graines dont vous voulez éviter les résultats. Listez ces habitudes.

Établissez une deuxième liste. Sur cette dernière, passez en revue votre passé, en cherchant tout événement dans lequel

vous avez fait du mal à quelqu'un d'autre, humain ou autrement, intentionnel ou accidentel. Soyez honnête et minutieux, parce que vous voudrez tous les éliminer.

Une fois familiarisés avec la pratique des *Quatre Pouvoirs*, nous n'aurons plus besoin de faire de listes. Nous appliquerons les *Quatre Pouvoirs* chaque fois que l'on se surprendra à planter des graines négatives, peut-être pas sur le moment, mais au quotidien.

Une fois nos listes créées, nous sommes prêts à appliquer les *Quatre Pouvoirs*. Nous avons conscientisé les comportements qui contribuent à la négativité que nous vivons. Ajoutons à cette reconnaissance, notre compréhension dont ces comportements sont propulsés par les graines mentales. En répétant ces agissements, nous plantons pareillement de nouvelles graines mentales qui à leur tour produiront leurs résultats négatifs similaires. Ce sont ces graines mentales que nous tenons à endommager, empêchant ou modifiant ainsi leurs résultats de venir à maturité.

Deuxièmement, nous appliquons le pouvoir du regret. Le regret est un état d'esprit, une émotion, duquel nous regrettons profondément, souhaitons véritablement ne pas avoir fait, ce que nous avons fait. C'est très différent de la culpabilité. La culpabilité n'est pas du tout utile. La culpabilité ne fait qu'éroder notre confiance en soi.

Le regret d'un autre côté est une force positive puissante. Il influence les graines mentales négatives comme verser de l'herbicide sur une mauvaise herbe. Il arrête sa croissance, bien qu'il faille encore l'arracher pour la dégager du jardin.

L'explication scripturale classique du regret, paraphrasée, est la suivante : trois beaux hommes, fatigués, se précipitent dans un bar pour se rafraîchir. Ils désignent une bouteille : « On va prendre ça. » Dans son empressement à les servir, le barman prend la bouteille et verse trois coups. Ils tintent leurs verres en disant « Santé » et en même temps, les boivent cul sec. En quelques instants, un des types est pris de convulsions puis tombe raide mort. Les deux autres se regardent et pendant qu'ils le font, le deuxième type est également saisi et tombe sur la tête. Le troisième gars éprouve un vrai, profond regret à cet instant, d'avoir bu ce contenu.

Le regret surgit naturellement après avoir reconnu que l'acte commis va revenir nous nuire. Au fur et à mesure que nous devenons meilleurs dans la pratique du *4X4*, le regret émergera au moment d'admettre que nos actes, nos pensées et/ou nos paroles reviendront également faire du tort à autrui. Cultiver le regret, c'est renforcer nos efforts pour être plus bienveillant, afin

LE CHIOT, LA PLUME ET LE JOUET À MÂCHER :

La guérison ne se manifeste pas toujours de la façon dont nous l'attendons

Margaret Noonan et Sarahni Stumpf

Mon neveu de 25 ans avait été diagnostiqué et était sous traitement pour un cancer récurrent de la langue. J'ai eu l'occasion de passer du temps avec sa mère, ma belle-sœur. J'avais aussi une amie qui suivait un traitement contre le cancer du sein. En me servant d'elle comme exemple, j'ai parlé à Margaret des graines mentales pour protéger la vie afin d'essayer de faire mûrir les graines d'un être cher atteint d'une maladie qui menace sa vie. Je vous ai fait part de mon désir d'acheter des vers de terre qui devaient être vendus comme appâts de pêche et les laisser aller dans son jardin, afin de planter des graines dans mon esprit pour protéger la vie et de dédier leur vie au cancer de mon amie en réponse à son traitement (ce qui s'est fait, jusqu'ici, au moins). Margaret a déclaré : « J'en aurai aussi au nom de Kirk. »

Nous avons libéré plusieurs vers de terre dans la terre humide de ses plates-bandes. La semaine suivante, l'échographie TEP de son fils a montré

Le secret pour améliorer votre santé et votre vie

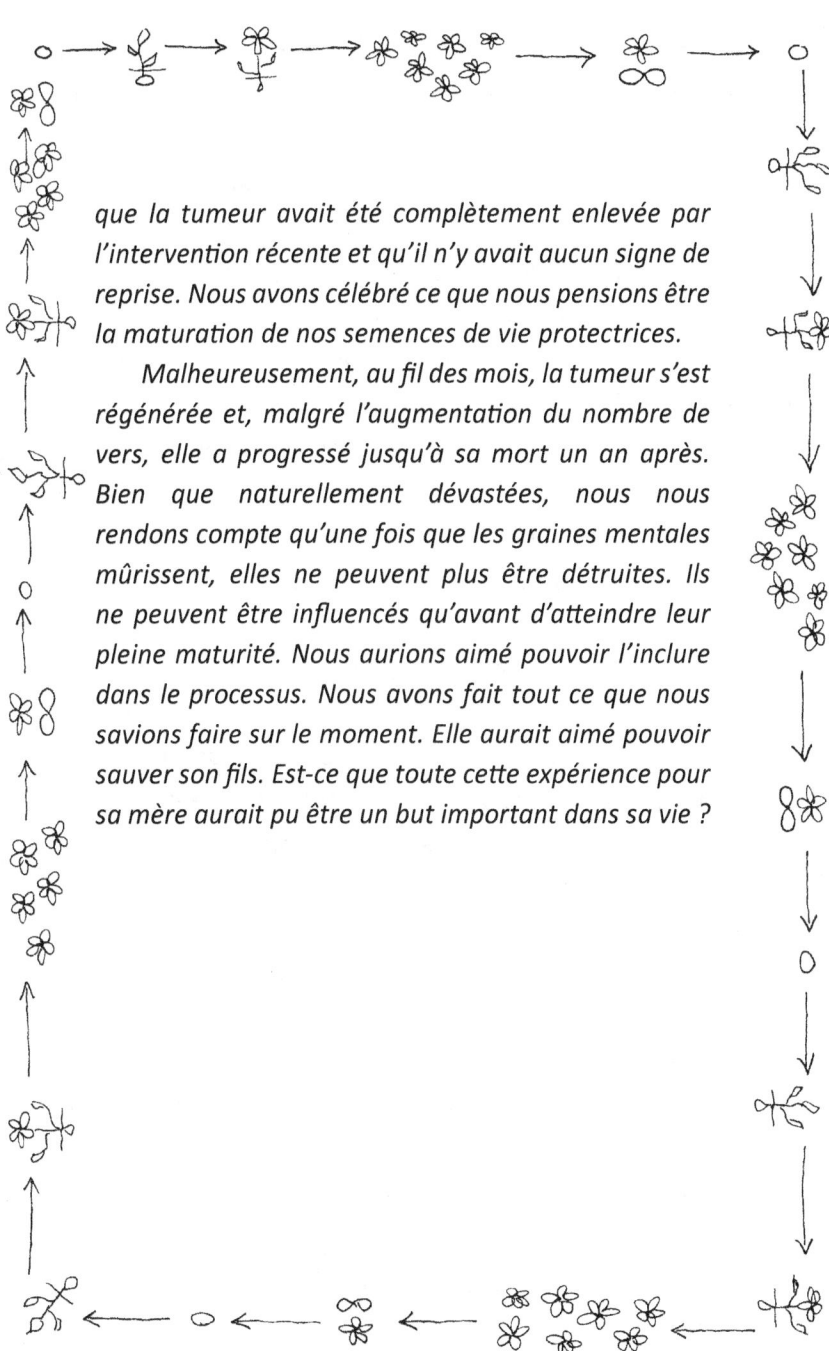

que la tumeur avait été complètement enlevée par l'intervention récente et qu'il n'y avait aucun signe de reprise. Nous avons célébré ce que nous pensions être la maturation de nos semences de vie protectrices.

Malheureusement, au fil des mois, la tumeur s'est régénérée et, malgré l'augmentation du nombre de vers, elle a progressé jusqu'à sa mort un an après. Bien que naturellement dévastées, nous nous rendons compte qu'une fois que les graines mentales mûrissent, elles ne peuvent plus être détruites. Ils ne peuvent être influencés qu'avant d'atteindre leur pleine maturité. Nous aurions aimé pouvoir l'inclure dans le processus. Nous avons fait tout ce que nous savions faire sur le moment. Elle aurait aimé pouvoir sauver son fils. Est-ce que toute cette expérience pour sa mère aurait pu être un but important dans sa vie ?

d'agir avec conscience sur les graines que nous plantons durant nos interactions. Il nous conduit naturellement à vouloir faire en sorte de corriger une erreur.

Dans la partie 3, nous appliquons le remède. Un remède est quelque chose que nous appliquons pour transformer un tort en bien. Pour nous guérir ou guérir un tiers, notre application du remède peut être nos *Quatre Étapes* pour planter les nouvelles semences que nous voulons. Pour appliquer un remède, nous pouvons simplement revisiter la troisième des *Quatre Étapes* : l'action intentionnelle. Nous élargissons nos hautes intentions à : « Je vais au groupe de soutien du CSA dans le but de planter les graines : me voyant aider les autres, comme antidote empêchant ces graines provenant du fait d'avoir fait du mal aux autres, et pour créer la révolution des soins de santé... »

Maintenant, si nous effectuons notre action de guérison intentionnelle qu'une ou deux fois par mois, nous voudrons trouver d'autres manières d'appliquer notre remède plus fréquemment. Une bonne règle de base pour les activités d'antidote est de faire le contraire de ce qui a été fait, et qui a planté la graine à éliminer. Dans le passé, peut-être avons-nous été impliqués dans un acte de meurtre que nous regrettons aujourd'hui. C'était il y a longtemps. Nous ne pensions pas que c'était mal à l'époque, mais maintenant nous savons que la graine a poussé et reviendra d'une façon très désagréable. Nous le regrettons sincèrement et souhaitons y remédier. Ce remède nécessiterait une solution forte pour sauver une vie. Nous pourrions adopter un animal de compagnie du refuge pour animaux, un animal qui risque d'être euthanasié. Ou nous pourrions décider d'acheter des vers de terre, vendus comme appâts de pêche, pendant toute la saison de pêche et les relâcher dans un jardin. Utilisez votre imagination pour trouver des possibilités. Établissez un contrat spécifique personnel, qui vous semble assez fort pour être l'antidote. Ensuite, honorez-le.

Enfin, inclure la quatrième partie des *Quatre Pouvoirs*, le pouvoir de retenue au contrat. Nous devons nous restreindre à répéter le comportement négatif en vue de neutraliser complètement le pouvoir de ces graines mentales négatives. C'est plus compliqué qu'on ne le pense. Le pouvoir de retenue veut dire : cultiver un niveau élevé de conscience du comportement, d'un instant à l'autre, d'une part. D'autre part, arrêter nos comportements négatifs, d'après le plan. Pour certaines de nos mauvaises actions passées, il sera facile de garder le pouvoir de la retenue, parce que les circonstances de notre vie n'impliquent plus ces questions. Pour celles-ci, nous pouvons probablement dire en toute certitude : « Je ne referai plus jamais cet acte », en étant capable de s'y tenir. Or, on trouvera des actions que l'on adopte régulièrement, qui s'avèrent subtilement nuisibles aux autres, sur lesquelles nous voulons focaliser le désherbage. Nous ne devrions pas promettre de ne jamais plus les refaire, car nous ne serions pas aptes à respecter cette promesse. Au lieu de cela, prenons plutôt l'engagement de retenir ce comportement pour une certaine période, sachant que nous serons capables de le garder. Ensuite, nous allons jusqu'au bout. Nous appliquons, de façon répétée, les *Quatre Pouvoirs* à cette vieille habitude, en prolongeant la période au cours de laquelle nous pouvons effectivement garder le pouvoir de retenue, jusqu'à ce que cette conduite habituelle prenne fin.

Disons que nous prenons l'habitude de glisser chaque fois que nous franchissons un certain panneau d'arrêt, pleinement conscient de cette semence négative, semence dont nous connaissons le pouvoir de causer du tort à notre propre vie et à celle d'autrui. Nous décidons d'appliquer les *Quatre Pouvoirs* pour arracher ces graines passées, sachant que nous devons nous restreindre de glisser de panneau d'arrêt en panneau d'arrêt. Mais allez, soyez honnête, serez-vous capable de changer cette habitude simplement en décidant de ne plus le faire ? Par conséquent, commençons par : « Aujourd'hui, je m'arrêterai complètement, derrière la ligne de démarcation à ce panneau d'arrêt, que d'autres véhicules arrivent ou non ». Puis exécutez-vous !

Nous déterminons la retenue de cette façon, un jour à la fois, jusqu'à ce que l'arrêt à ce panneau ne constitue plus un effort. Par la suite, nous l'appliquerons à d'autres panneaux d'arrêt et à d'autres habitudes de conduite. Ça peut devenir comme un jeu. Lorsque nous reconnaissons avoir glissé à un panneau d'arrêt, nous le regrettons. Nous nous souvenons du remède prévu et appliquons de nouveau l'effort de retenue. De fil en aiguille, le jeu se facilite et devient plus amusant. Pendant que nous commençons à endommager le pouvoir des semences négatives à mûrir, nous expérimentons quelques désagréments. Les désagréments actuels et persistants en cours chutent. Notre joie s'accroît ainsi que celle des gens qui nous côtoient. Étonnamment, il est probable, à un certain point, que des résultats déplaisants, nous révèlent ce sur quoi pourra servir la pratique supplémentaire de *Quatre Pouvoirs*, ce qui ne nous dérangera même plus !

Révision des Quatre Pouvoirs

Examinons les *Quatre Pouvoirs* : la première partie est de **reconnaître** quelles graines mentales négatives se développent et lesquelles, doivent encore attendre leurs maturations. **Se remémorer** le pouvoir des *Quatre Pouvoirs* : pouvoir endommager ces semailles suffisamment pour les modifier ou empêcher leur maturation complète. Générer un puissant **regret** d'avoir agi (pensées, paroles et actes, se rappeler) de sorte à semer ces mauvaises herbes. Choisir une activité de **remède**, ce qui peut signifier faire le contraire intentionnellement et régulièrement. Enfin, **se retenir** de répéter cet acte négatif selon notre promesse.

Il est sage de prendre l'habitude à la fin de sa journée de la réviser et de pratiquer les *Quatre Pouvoirs* à tout ce que nous avons malencontreusement fait, dont nous ne voulons plus les semences. Dans ce cas, le remède que nous appliquerons pourrait être notre pratique de réjouissance de nos *Quatre Étapes*. Nous pouvons établir notre pouvoir de retenue pour le comportement du lendemain. Ou peut-être, établir notre pouvoir de retenue avant le remède de la réjouissance, au cas où nous nous endormirions en nous réjouissant !

Révision du 4x4

4 Lois	4 Fleurs	4 Étapes	4 Pouvoirs
Définitif	Mûrissent par similitude	Sachez ce que vous voulez	Reconnaissance
Les graines poussent	Mûrissent selon l'habitude	Planifiez comment aider autrui à obtenir ce qu'ils veulent	Regret
Non plantées, ne peuvent germer	Mûrissent comme les conditions	Agissez intentionnellement	Actions remédiantes
Plantées vont germer	Semées/Mûrissent à 65/instant, ne s'épuiseront jamais	Réjouissez-vous !	Retenue

Achèvement :
À quoi cela ressemblerait-il ?

Ceci complète l'explication du *4X4* et comment l'appliquer à nos vies :

Les *Quatre Lois* sur les semences mentales et comment elles fonctionnent.
Les *Quatre Fleurs* et comment elles atteignent leur maturité de quatre façons.
Les *Quatres Étapes* pour planter consciemment les graines de ce que nous voulons dans le futur.
Les *Quatre Pouvoirs* pour désherber les graines malveillantes que nous savons avoir, et cesser de les renouveler.

Une personne qui a maîtrisé le *4X4* se surveille comme un observateur détaché. Elle est consciente du fait que les graines mûrissent constamment et du fait d'être replantées par ses propres réactions. Elle cultive la capacité de choisir consciemment d'agir à une situation donnée avec gentillesse et amour. Elle reconnaît rapidement, quand au contraire, elle réagit avec égoïsme et génère des regrets. Elle peut même utiliser un remède immédiat : appliquer sa retenue. Tout au moins, elle pratique ses *Quatre Pouvoirs* tous les jours.

À quoi cela ressemblerait-il d'être dans les parages d'un individu qui pratique le *4X4* ? Probable qu'on le voit aider les gens de toutes les manières qu'il lui soit possible. Il est bienveillant, gentil, heureux, facile à vivre, sans être moralisateur, ouvert d'esprit, heureuse, avec un contentement notable et en paix sachant d'où tout vient et quoi faire à ce sujet. Par exemple, plutôt que de s'énerver lorsqu'on la transfère de son siège d'avion, elle interagit avec l'agent de bord avec une gentillesse et une patience sincères.

Si vous possédez les bonnes graines pour être en présence d'un individu dans votre vie qui incarne ce sentiment de contentement, de bonheur tranquille, vous pourriez lui demander si cette personne est née comme ça ou si elle a appris à le cultiver. Si elle dit qu'elle l'a appris, demandez-lui de vous aider à l'apprendre aussi. Il est extrêmement avantageux d'avoir un professeur personnel pour nous guider à travers les changements dont je vous ai entretenus jusqu'à maintenant. Cette personne en particulier peut ou non connaître le terme, *Le 4X4*. Néanmoins, je suppose qu'elle connaîtra la vérité : « Nous récoltons ce que nous semons, nous récoltons ce que nous avons semé, nous ne pouvons pas récolter ce que nous n'avons pas semé et nous récolterons ce que nous semons ». Demandez-lui de vous aider à identifier les graines à planter et celles qu'il faut arrêter de planter pour devenir, comme elle ; profondément contente et heureuse. Ensuite, vous pourrez partager cet enseignement avec les autres.

Vous n'avez pas seulement été bénis pour vous-mêmes,
vous avez été bénis pour être une bénédiction pour les autres.

– IFEANYI ENOCH ONUOHA (Traduction libre)

Aux praticiens de la santé

Le simple acte de bienveillance est héroïque.

— EDWARD ALBERT

AUX PRATICIENS DE LA SANTÉ :

Merci d'avoir lu ce livre à propos d'une manière différente de concevoir la santé et le bien-être. J'espère qu'il vous révèle un chaînon manquant, capable de vous aider à retirer encore plus de satisfaction dans votre pratique en soins de santé. Les gens des professions médicales et thérapeutiques occupent une position unique pour orchestrer cette révolution de comportement en soins de santé, chez leurs patients, une fois qu'ils se seront prouvé sa validité. L'une des lacunes de notre système de soins actuel c'est l'implantation intentionnelle de semences d'amélioration de la santé, dans l'esprit des patients. On les encourage à adopter des comportements préventifs en matière de santé, en essayant de les inciter à arrêter de fumer, à perdre du poids, à s'exercer régulièrement et à modérer leur consommation d'alcool. Mais on ne les dirige pas vers la réussite de ces comportements en aidant d'autres personnes aux prises avec des besoins similaires. Et on le pourrait.

Nous pourrions rapidement prescrire une ordonnance particulière qui dirait : « Pour que votre médicament contre l'arthrite fonctionne mieux, trouvez une personne atteinte d'arthrite et emmenez-la à un cours d'exercices aquatiques une fois par semaine ». Infirmières, physiothérapeutes, massothérapeutes, conseillers, nous pouvons proposer des recommandations spécifiques d'activités d'aide à la santé à nos patients.

Sans les quatre parties des *Quatre Étapes*, les résultats seront vagues. Mais cette petite étape, conseillant aux gens d'aider les autres pour améliorer leurs propres résultats de traitement, peut être le début de cette révolution en soins de santé.

Je connais une praticienne de la santé à la retraite qui offre désormais un travail de guérison énergétique de la façon suivante. Avant le rendez-vous du traitement, le « coût » de son client est de poser 3 actions qui permettront à une tierce personne de se sentir mieux. Lors du traitement, le client parle de ses actes à la praticienne, et les deux s'en réjouissent. Ces rencontres de traitement deviennent amusantes et permettent d'élever l'esprit.

Les professionnels de la santé sont également en mesure d'orienter les gens vers d'autres personnes pour les aider. Différents groupes de soutien peuvent être annoncés et animés dans leurs bureaux ou à l'hôpital le plus proche. Un réseau de patients qui comprennent *le 4X4* et recherchent d'autres personnes qui ont accepté de l'aide peut établir les liens et superviser ces relations. Des séminaires éducatifs peuvent partager aux patients le processus entier. Et puis, continuons de rêver. Ajoutons que les compagnies d'assurance peuvent promouvoir ces initiatives, puisqu'elles reconnaissent le rapport coût/bénéfice avantageux à se voir soutenir les gens dans des comportements favorables à la santé.

Dans les années 1980, Ken Keyes, Jr. a publié un livre intitulé The Hundredth Monkey (Vision Books, 1982.) Il était basé sur des études sociologiques de diverses troupes de singes vivant sur diverses îles autour du Japon. Les chercheurs ont observé une mère singe qui avait l'habitude de laver ses pommes de terre avant de les manger. Bien sûr, ses enfants lavaient aussi leurs patates. Or, curieusement, après un certain nombre d'années, des singes de différentes parties de l'île ont commencé à laver leurs pommes de terre alors qu'ils ne l'avaient jamais fait auparavant. Et puis, tous s'y sont mis. À la surprise de tous, des singes d'autres îles ont commencé à laver leurs pommes de terre. En deux mots, ces données ont été utilisées pour émettre l'hypothèse d'une conscience globale (en l'occurrence pour cette espèce de singe) qui a été affectée dès qu'un certain nombre d'individus ont adopté ce nouveau comportement. Ainsi, « le centième singe » qui a adopté le nouveau comportement a enclenché ce comportement chez toutes les espèces de singes, partout où ils vivaient. (Apparemment, les sceptiques croient qu'au moins un singe lavant des pommes de terre a nagé vers une autre île abritant des singes et les aurait influencés là-bas.)

Qu'une conscience transpersonnelle existe vraiment ou non, je n'en sais rien. Cependant, j'aime le concept. N'importe lequel d'entre nous pourrait être « le centième singe » déclencheur d'un changement dans la conscience humaine : sur la façon de restaurer et de maintenir la santé et le bien-être.

LE CHIOT, LA PLUME ET LE JOUET À MÂCHER :

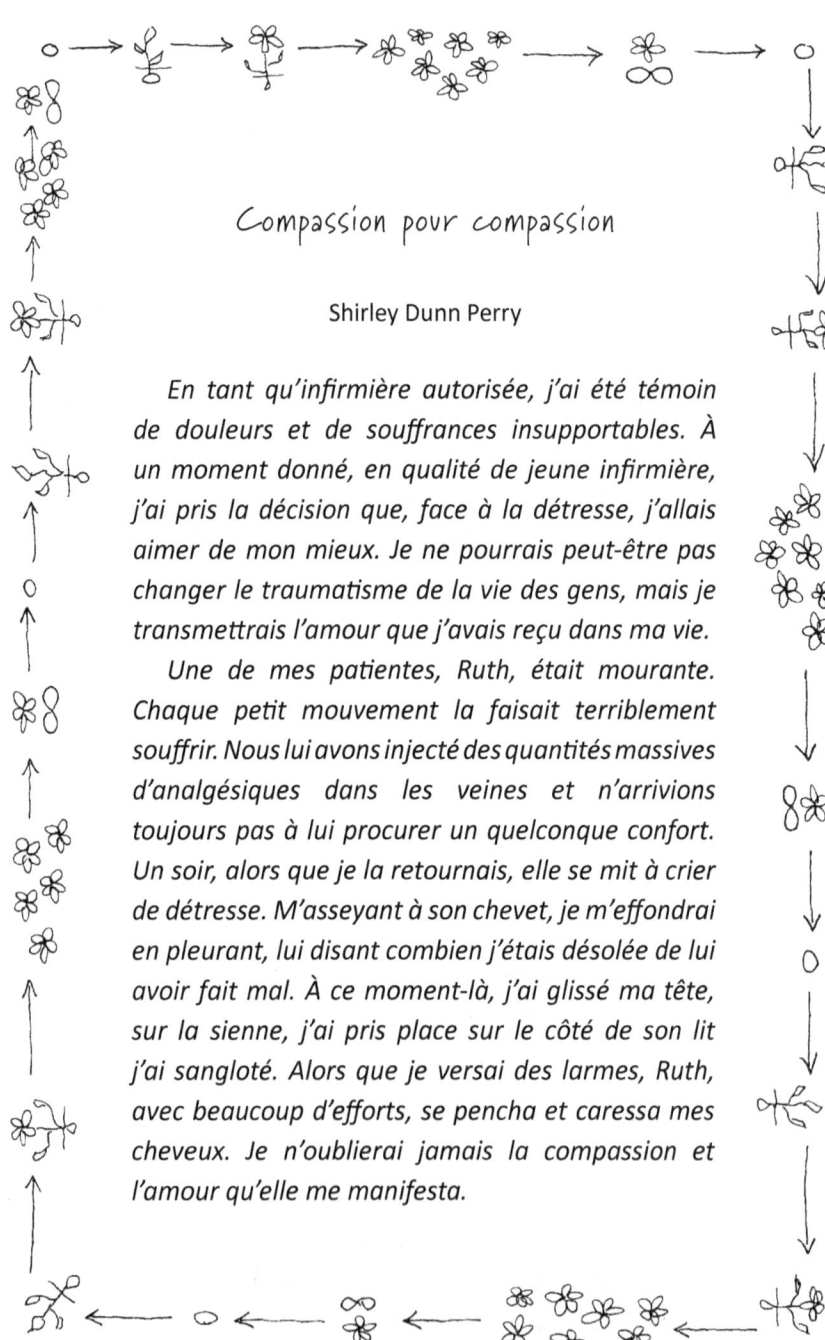

Compassion pour compassion

Shirley Dunn Perry

En tant qu'infirmière autorisée, j'ai été témoin de douleurs et de souffrances insupportables. À un moment donné, en qualité de jeune infirmière, j'ai pris la décision que, face à la détresse, j'allais aimer de mon mieux. Je ne pourrais peut-être pas changer le traumatisme de la vie des gens, mais je transmettrais l'amour que j'avais reçu dans ma vie.

Une de mes patientes, Ruth, était mourante. Chaque petit mouvement la faisait terriblement souffrir. Nous lui avons injecté des quantités massives d'analgésiques dans les veines et n'arrivions toujours pas à lui procurer un quelconque confort. Un soir, alors que je la retournais, elle se mit à crier de détresse. M'asseyant à son chevet, je m'effondrai en pleurant, lui disant combien j'étais désolée de lui avoir fait mal. À ce moment-là, j'ai glissé ma tête, sur la sienne, j'ai pris place sur le côté de son lit j'ai sangloté. Alors que je versais des larmes, Ruth, avec beaucoup d'efforts, se pencha et caressa mes cheveux. Je n'oublierai jamais la compassion et l'amour qu'elle me manifesta.

Je vous encourage à essayer *Le système 4X4* pour quelques problèmes propres. Prouvez-vous ces avantages à vous-même. Ensuite, s'il vous plaît partagez-le, peu importe, de quelle manière, à travers vos relations, parmi ceux dont vous venez en aide. Je m'attends à ce que votre sentiment de satisfaction à l'égard des soins que vous prodiguez à vos patients et le plaisir que vous éprouvez quant à votre pratique augmentent considérablement.

Si chacun d'entre nous qui avions fait l'effort de se le prouver n'enseignait qu'à dix autres personnes, et que, de ces dix personnes une seule continuait à le prouver et à le partager à dix autres, l'effet se répandrait encore avec une rapidité dramatique. Les gens entendraient parler de la méthode dans de nombreux contextes différents, car tout le monde en parlerait avec leurs semblables. Finalement, ce mode de vie deviendrait la norme comportementale ; aider des tiers à réaliser ce qu'ils veulent et à obtenir ce dont ils ont besoin, afin que nos propres nécessités et attentes soient satisfaites. Tout le monde venant en aide à tout le monde.

Questions et réponses

Alors, pourquoi prendre des médicaments ? Pourquoi aller chez le médecin ? Pourquoi faire quelque chose pour soi ?

Nous devons distinguer entre le « comment », les causes superficielles, et le « pourquoi », les causes profondes de la maturation des graines mentales. En effet, si nous avons des graines mentales qui contribuent à notre maladie, tout, peut servir de véhicule pour que cela arrive. Les conditions apparentes deviennent « le véhicule » qui mûrit, contribuant à la nouvelle perception : devenir en santé ou être en bonne santé. La maturation des graines mentales qui furent créées en aidant les autres constitue le « pourquoi » du bon résultat de la médecine que nous suivons, pour nous guérir. La prise du médicament agit comme le « comment » de la guérison qui a lieu. C'est pourquoi les médicaments marchent certaines fois, mais pas d'autres fois. Car, sans le « pourquoi » qui mûrit, le « comment » ne peut pas se produire. Même s'ils sont généralement perçus comme étant liés les uns aux autres grâce à leur proximité. Aller chez le médecin quand nous sommes

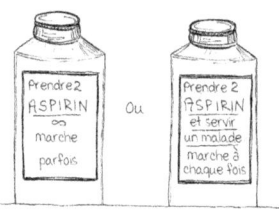

malades et obtenir des médicaments pour notre maladie sont des graines mentales différentes, même si elles sont étroitement liées. L'une suit souvent l'autre, dans la maturation. Mais encore une fois, pas toujours, ce qui prouve le système.

Faites une expérience la prochaine fois que vous souffrirez d'une maladie autolimitante, comme un rhume de cerveau. Normalement, un rhume de cerveau dure de sept à dix jours, peu importe ce que vous effectuez pour le contrer. Vous pouvez probablement distinguer la progression du virus ; comment infecte-t-il jusqu'à son élimination hors de votre système ? Vous avez probablement une façon préférée d'atténuer votre inconfort pendant que votre corps travaille à combattre. La prochaine fois que vous reconnaîtrez les premiers symptômes du rhume de cerveau, prenez de la vitamine C, des pastilles contre le rhume, de l'échinacée, des décongestionnants ou tout autre remède que vous aimez, et partagez-le avec les gens qui vous entourent, surtout avec ceux qui ne se sentent pas bien. Devenez particulièrement utile à quelqu'un par tous les moyens que vous pouvez avec l'intention de vous débarrasser de votre rhume de cerveau plus rapidement et de créer la « révolution en soins de santé ». Vous pouvez prendre votre propre méthode de prise en charge habituelle, mais surveillez si la progression de votre rhume de cerveau diffère et s'il ne se résout pas plus rapidement. Peut-être qu'à votre première pratique, vous ne verrez pas vraiment de différence. Mais je maintiens que vous constaterez une réaction spectaculaire, après quelques essais, à traiter votre rhume de cerveau, en venant en aide à d'autres.

Il est également utile de « charger » le remède que vous êtes sur le point d'utiliser avec les semences mentales de santé que vous avez déjà plantées (n'importe quand auparavant). Juste avant de prendre le médicament ou d'autres choses que vous êtes sur le point de faire pour vous traiter, pensez, « Rien dans cette substance n'a la capacité de me soigner. C'est pourquoi elle peut me soigner. Je fais appel au pouvoir de mes graines mentales d'avoir aidé les autres à se sentir mieux, de mûrir comme médicament qui m'aide. » Souvenez-vous d'un acte précis posé en venant en aide. Ressentez du contentement et envisagez encore de fournir du support dans l'avenir. Puis, prenez le remède. Personnalisez les mots qui conviennent à votre situation singulière.

Comment faire, car je vis seul et je suis confiné à la maison ? Comment appliquer une activité de soins de santé ? Comment puis-je trouver quelqu'un pour m'aider ?

Si vous habitez en solitaire et ne voyez jamais personne, vous pouvez employer toute cette pratique par le biais de votre imagination. Cela fonctionnera également, mais nécessite une formation supplémentaire qui dépasse le cadre de ce livre. Encore qu'il soit peu probable que l'un d'entre nous soit aussi isolé. Toute personne que vous connaissez peut devenir votre compagnon de santé, même s'ils semblent en parfaite santé. Partagez-leur de l'information sur les questions de santé préventive tirée de magazines ou d'internet. Restez en contacts téléphoniques ou par internet avec ceux que vous connaissez. En vous renseignant régulièrement sur eux, en les écoutant, sans tourner la conversation vers vos propres besoins, vous pouvez planter des graines de guérison dans votre esprit.

Il y a des années, je soignais une patiente à domicile. Gravement handicapée, elle souffrait beaucoup. Je lui rendais visite chaque semaine pour la traiter par l'acupuncture en raison de sa douleur.

À l'exception de son animal de compagnie cockatiel, elle vivait seule. C'était une lutte énorme et pénible pour elle de transférer de son lit à son fauteuil roulant, et à la salle de toilette puis revenir, ce qui restait à peu près l'unique raison pour laquelle elle quitta son lit. Je lui ai promis que tant qu'elle parviendrait à se déplacer, elle demeurerait à la maison. Quand elle ne le pourra plus, elle aura besoin d'aller dans une résidence de soins infirmiers.

Cette dame avait toutes les raisons pour être une femme misérable, plaignante, mécontente. Or, ce n'était pas le cas. Toujours gaie et enthousiaste à me questionner sur moi, mon mari, ma maison, mes vacances. Elle voulut entendre tout sur tous ces sujets. J'ai exprimé une fois mon étonnement face à son attitude. Elle m'a dit : « J'ai été paralysée et limitée pendant si longtemps. J'ai appris que je peux vivre par procuration à travers les autres. C'est si agréable d'écouter parler de ce que tu fais. » Je crois que c'est cette adorable attitude qui a amené les nombreuses personnes qui l'ont aidée à rester à la maison durant tout ce temps. Elle est décédée, après un court séjour à l'hôpital.

Que se passe-t-il si mon complice de santé refuse mon aide ?

C'est un exemple d'oubli du délai entre l'ensemencement des graines et les résultats qui éclosent. Se voir aider quelqu'un au sujet de leur santé, plante la semence. Se voir refuser notre aide, découle d'avoir refusé l'aide des autres. Ça ne nie pas la graine qu'on a semée. Mais, nous renseigne sur quelque chose à notre propos, laquelle serait souhaitable d'éliminer. Néanmoins, il y a beaucoup d'autres personnes qui pourraient servir comme complice de santé. Il n'existe aucun avantage à imposer nos tentatives d'aide à qui que ce soit. Si la personne avec qui vous communiquez pour votre plan en 4 étapes vous dit : « Merci, mais non merci », trouvez quelqu'un d'autre.

Que se passe-t-il si ce que je partage avec eux les heurte plutôt ?

Là encore, il s'agirait d'une démonstration du délai entre la pose des semences et leurs maturations finales. Bien que nous puissions le voir de cette façon, en **réalisant le « pourquoi » plutôt que le « comment »**, l'individu blessé ne comprend pas et n'est pas disposé à en entendre parler. Ils vous blâmeront. C'est une situation délicate et franchement elle risque fort de se présenter ici et là. Pourquoi dis-je cela ? Parce que le résultat de la maturation de l'expérience de quelqu'un qui se voit offensé par nous viendrait du fait que nous avons froissé d'autres personnes dans le passé. Ou parce que nous reprochons à autrui de nous avoir fait du mal. L'un d'entre nous peut-il honnêtement dire qu'il ne possède pas de telles graines de comportements passés ? N'oubliez pas que nous y incluons les êtres vivants non humains, comme des objets vers lesquels nous agissons en plantant des graines qui poussent.

Pour diminuer la probabilité que ces résultats négatifs mûrissent, nous appliquerions les *Quatre Pouvoirs* à nos comportements passés nuisibles aux autres, en pratiquant un effort particulier de notre pouvoir de restriction. Même, se rappeler nos actes en soins de santé mûrissants peut faire partie de notre antidote, puisque ça aide à renforcer ces graines positives.

D'après mon expérience dans le domaine des soins médicaux, la qualité de la relation entre le patient et le prestataire de soins influença profondément la réaction du patient lorsqu'un résultat négatif survint. Les patients qui estimaient leurs prestataires de soins bienveillants, soucieux et réellement intéressés à eux, et qui les incluaient au processus décisionnel, acceptèrent de mauvais résultats sans leur reprocher.

Ce système de recherche de comlice de santé pour se guérir pourrait se prêter au sentiment de compagnon de santé utilisé et abusé si des résultats désagréables se produisaient. En gardant à l'esprit toutes les nuances de nos perceptions et les graines qui sont plantées, nous resterons sensibles à la nécessité d'être sincères dans notre désir d'aider la santé d'autrui. Cela n'éloignera pas forcément un résultat malheureux, mais il nous permettra probablement de poursuivre notre relation et d'aider davantage.

C'est aussi un rappel à faire preuve de discernement quant aux modalités de soins de santé échangées avec les gens. Aucun besoin de trouver un remède marginal contre le cancer sur internet. Des pratiques saines, conventionnelles en matière de santé suffisent à semer des graines pour son amélioration.

J'ai essayé et essayé autant que possible, mais n'arrive toujours pas à changer certaines vieilles habitudes. Que puis-je faire ?

Oui, je sais de première main que certaines vieilles habitudes ont la vie dure ! Ça aide de se traiter avec indulgence concernant vos tentatives ratées. En repensant que tout cela provient de graines mentales, vous pouvez générer de la compassion à votre égard et renforcer votre détermination à essayer une autre voie. Si vous n'avez pas encore appliqué les *Quatre Pouvoirs* à une conduite que vous souhaitez cesser, ce serait le premier pas à prendre. Soyez très précis en appliquant les quatre parties à votre habitude particulière. Ça aide d'avoir un enseignant disposé à vous soutenir. J'ai constaté que si mon identification de l'habitude que je veux briser reste trop vague, trop imprécise, je suis incapable d'appliquer les *Quatre Pouvoirs* assez fortement pour voir des résultats rapidement.

Par exemple, on pourrait dire : « Je veux arrêter de me ronger les ongles. » Mais, il y a une raison sous-jacente pour laquelle nous avons besoin de ce comportement qui doit être inclus dans le processus de sarclage. C'est peut-être l'anxiété de la performance, l'ennui ou encore la dépréciation de soi. Une fois cela mis au clair, nous pouvons ensuite exercer notre reconnaissance de l'habitude comme semences mentales mûrissantes et générer nos regrets. Regrettez non seulement l'habitude, mais aussi toutes les façons avec lesquelles nous avons causé une émotion sous-jacente similaire à quiconque, ce qui explique pourquoi nous l'expérimentons et perpétuons notre réflexe. Après, nous établissons notre promesse de fournir les efforts sincères pour nous retenir et choisissons notre activité de remède.

Au cours de mon travail avec les autres, j'ai découvert que si l'un des *Quatre Pouvoirs* n'était pas fort, l'habitude ne se briserait pas. Pour certains, le regret n'était pas véritable. Ils ne voulaient pas vraiment arrêter le comportement qu'ils pensaient ne pas aimer. D'autres n'arrivaient pas à identifier complètement les circonstances, les émotions, etc., qui semblaient le déclencher.

Le pouvoir de la restriction se trouva être mon principal obstacle au changement de quelques conduites non désirées profondément enracinées. Je ne peux tout simplement pas stopper la réaction habituelle — car elle arrive si rapidement.

Dans n'importe lesquels de ces cas, le processus consiste à appliquer les *Quatre Pouvoirs* sur l'obstacle particulier avant de travailler sur l'habitude elle-même. J'aurais besoin d'étendre les *Quatre Pouvoirs* à mon incapacité à exercer le pouvoir de la restriction.

Mon déroulement irait comme suit :

L'inaptitude d'employer le pouvoir de la retenue (ou restriction) est en soi un résultat de la maturation de semences. Celles de créer des barrières à d'autres qui essayaient de changer leurs comportements. Je chercherais comment je pouvais le faire maintenant, et comment je l'avais fait dans le passé. Peut-être que je connais des gens au travail, au régime, et malgré tout j'apporte des beignets à partager. Peut-être ai-je taquiné mon petit frère à propos de ses ongles rongés, ce qui l'a entraîné à les ronger davantage. Je dois reconnaître mes comportements, les regretter, les cesser et déployer certaines activités de compensation. Je pourrais donner des fleurs au bureau au lieu de la nourriture. Je pourrais me promener pendant ma pause avec la collègue de travail qui essaie d'arrêter de fumer. Je pourrais admirer les beaux ongles d'une personne, ou faire l'éloge de ses bons résultats de diète. J'achèverais cela avec les deux hautes intentions des *Quatre Étapes*, et m'en réjouirais pendant un certain temps. Par la suite, j'applique les *Quatre Pouvoirs* à mon habitude actuelle. L'habileté à appliquer mon pouvoir de retenue devrait se renforcer. Sinon, je travaille encore un peu plus sur l'obstacle.

Chemin faisant, le processus des *Quatre Étapes* et des *Quatre Pouvoirs* devient un mode de vie. En choisissant consciemment les

comportements d'un instant à l'autre, nous créons notre avenir. L'ensemble de la démarche devient pas à pas facile et plus amusant.

Comment puis-je l'utiliser pour guérir un animal de compagnie ? Ils ne peuvent pas comprendre.

Malheureusement, les animaux sont incapables de choisir consciemment leur niveau de moralité. Ils ne peuvent pas appliquer les *Quatre Étapes* et les *Quatre Pouvoirs* à leur vie. Mais, leur santé, ou leur manque de santé sont encore une maturation de nos graines mentales, alors cela nécessitera d'appliquer *Le 4X4* pour changer ce que nous voyons.

Si nous avons un animal de compagnie malade, nous devrions lui chercher des soins de santé appropriés et qualifiés. Pour améliorer la qualité du traitement qu'ils reçoivent, nous voudrions aider quelqu'un d'autre qui a un animal mal en point. Ou, nous pourrions aider n'importe qui ayant un animal bien portant à le rester ou à le devenir. Nous pourrions nous débrouiller pour promener régulièrement le chien du voisin afin de secourir notre chat souffrant.

Nous pourrions aussi chercher des habitudes qui nuisent à la santé et à la vie de nos semblables, en appliquant les *Quatre Pouvoirs*, en particulier le pouvoir de la retenue, avec l'intention de voir

la santé de notre animal s'améliorer. Peut-on renoncer à utiliser des pesticides dans notre jardin ? Pouvons-nous arrêter d'écraser les insectes et les attraper pour les libérer à l'extérieur ? (Mon mari et moi gardons un petit pot à large ouverture ainsi qu'une carte postale à portée de main. Il est facile d'abaisser doucement celui-ci sur l'intrus, puis de glisser soigneusement la carte postale sous le pot. L'insecte montera sur la carte postale ou dans le pot. Puis vous soulevez la carte et le pot ensemble et relâchez la créature à l'extérieur. Tout cela fait avec ces deux intentions élevées).

Révisez la liste des bonnes pratiques de santé, en particulier le troisième niveau, pour trouver des idées sur la façon de protéger la vie. (réf. Appendice)

Comment puis-je l'utiliser pour aider la condition de santé de mes enfants ?

Cela pourrait faire l'objet d'un tout autre livre ! En bref, si votre progéniture est encore trop jeune pour se joindre à vos activités de soins dans ces conditions, recourez aux *Quatre Étapes* afin de changer vos graines de les voir malades. S'ils sont capables de participer à planter leurs propres graines mentales, vous pouvez leur faciliter des moyens de protéger activement la vie, ou de prendre soin d'une personne qui ne se sent pas bien, et ainsi de suite. Aidez-les à faire leur plan et encouragez leur pratique de réjouissance en partageant la vôtre.

Où puis-je trouver plus d'informations sur cette philosophie ?

Utilisez la liste de ressources en annexe pour commencer votre exploration.

Qu'en est-il de Dieu ?

Peut-être que cette question vous a titillé au cours de votre étude de ce livre. Je vous assure que je n'ai pas l'intention de nier Dieu. Ma mère disait souvent : « Les chemins de dieu sont mystérieux. » Ce que j'ai essayé de faire, c'est de vous aider à percer ce mystère. Ce manuel qui vient à vous fait partie du mystère. Que vous testiez ou non, les pratiques feront partie du mystère. Les résultats que vous obtiendrez appartiendront au mystère. Certaines personnes ont réussi à faire l'expérience directe de ce mystère. Ensuite, ils cherchent à partager cette sagesse avec les autres, malgré le fait qu'elle est au-delà de la compréhension par l'intellect. L'essentiel semble être : nous récoltons ce que nous semons. Nous récoltons ce que nous avons semé. Nous ne pouvons pas récolter ce que nous n'avons pas semé et nous amasserons ce que nous semons.

J'ai lu un jour une interview avec Mère Teresa de Calcutta, une religieuse catholique renommée pour son travail avec les pauvres et les malades. Je me souviens qu'on lui a demandé comment elle tolérait d'être si proche des personnes atteintes de la lèpre et même de les toucher. Sa réponse m'a émue jusqu'aux larmes. Elle comprenait à peine la question. Mère Teresa rétorqua qu'elle voit Dieu dans les visages de tous et qu'elle L'aime. Selon vous, quels seraient les résultats de graines mentales plantées d'une si haute et si belle façon ?

Colophon

Qu'il en soit fait ainsi,
Que tous vos souhaits se réalisent en toute simplicité.

*Que votre vie soit une fontaine d'amour et de bonté
pour remplir le monde de joie.*

— DEBASISH MRIDHA, M.D. (Traduction libre)

Sarahni (Susan Pocock) Stumpf

Ce livre a été essentiellement écrit lors dune retraite spirituelle qui a duré 3 ans (2011 à 2014), à Diamond Mountain en Arizona.

Les redevances de l'auteure, moins l'impôt dû seront régulièrement versés à Diamond Mountain Inc. 501 (c) 3 numéro 86-0959506
en remerciement pour leurs programmes.
Diamond Mountain Inc.
Boîte postale 37
Bowie, Arizona, États-Unis, 85 605
www.diamondmountain.org

Je suis profondément reconnaissante à Diamond Mountain, à ses programmes, à ses enseignants et à ses élèves de m'avoir fourni la majeure partie de ce que j'ai partagé avec vous.

Que sa vertu s'épanouisse et se répande.

Le chiot, la plume et le jouet à mâcher :

Le secret pour améliorer votre santé et votre vie

Programme d'utilisation quotidienne

Rien ne fonctionnera à moins que vous ne le fassiez.
— Maya Angelou (Traduction libre)

Félicitations d'avoir choisi de passer de votre ancienne façon limitée de penser à celle de devenir un créateur conscient de votre avenir. Vous êtes rares, spéciaux et prêts à changer notre monde au-delà de vos rêves les plus fous ! Merci de vous joindre à cette équipe, à tous ceux qui utilisent cette méthode. Ensemble, nous pouvons faire plus que la somme de nos efforts individuels. Si jamais vous souhaitez vous retirer de ce travail de collectif, vous êtes totalement libre de le faire. Maintenant que vous en savez plus à propos des semences mentales, vous ne pourrez plus jamais prétendre ne pas le savoir. Au sein de l'équipe ou non, n'hésitez pas à faire appel à moi comme ressource pour apprendre à devenir le jardinier de l'avenir que vous aimeriez voir. Je recommande Le Karma de l'Amour de Michael Roach, manuel pour la méthode des *Quatre Étapes* et comme guide pour voir les expériences de vie et identifier les graines qui mûrissent et celles que nous devons planter afin de créer l'avenir que nous souhaitons vivre.

Maintenant que vous êtes devenu un détenteur du secret d'amélioration de la santé et de votre vie, sous toutes ses formes, j'espère que vous êtes impatients de mettre en pratique le processus entier. Veuillez prendre le temps d'explorer pleinement chaque étape, en vous entraînant à la garder à l'esprit. Les résultats que vous obtiendrez de l'ensemble du processus seront d'autant plus puissants.

Ce guide est conçu pour un programme de 6 semaines :

Semaine 1 :   S'habituer à nous rappeler notre « Je veux… » (et s'en réjouir !)
Semaine 2 :   Planification (et réjouissance !)

Semaine 3 :	Établir des liens (et s'en réjouir !)
Semaine 4 :	Se rappeler les 2 hautes intentions (et s'en réjouir !)
Semaine 5 :	Faire grandir notre pratique de réjouissance (et s'en réjouir !)
Semaine 6 :	Reconnaître les progrès (et s'en réjouir !)

Amusez-vous bien ! N'hésitez pas à m'écrire pour me faire part de vos questions, commentaires, suggestions ou préoccupations qui vous viennent à l'esprit. Bienvenue à vos histoires d'expériences des *Quatre Étapes*; vos sentiments, vos pensées, vos luttes, vos succès et toute sagesse que vous aimeriez partager.

Contactez-moi à : **Sarahni Stumpf**
   puppypenchewtoy@gmail.com

Semaine 1 : Établir votre intention

Cette semaine veuillez simplement vous souvenir de votre formulation d'identification appropriée « Je veux... » afin de vous entraîner à la garder à l'esprit.

Concevez une méthode pour vous rappeler les *Quatre Lois* : nous récoltons ce que nous semons. Nous récoltons ce que nous avons semé. Nous ne pouvons pas récolter ce que nous n'avons pas semé et nous récolterons ce que nous semons.

Repensez à l'exemple du stylo, de l'humain et du chiot pour vous rappeler que l'identité de tout ce que vous vivez doit être le résultat de ce que vous vous êtes vu penser, parler ou faire envers autrui. Ainsi, chaque expérience devient une chance d'agir de manière à planter les graines dont vous voulez voir la maturité dans le futur. Souvenez-vous que nos réactions habituelles sont les actions mêmes qui ont créé notre expérience actuelle. Si cette expérience est agréable, eh bien, agissez par habitude (aimant, gentil, compatissant, partageant, attentionné.) Si votre expérience actuelle est désagréable, dans ce cas-là cessez d'être sur la pilote automatique et choisissez une autre conduite, qui en est une de bien aimante, gentille, de compassion. Choisissez le contraire de ce qui se présente habituellement. Le simple fait de se souvenir de cette sagesse est un excellent point de départ, à apporter concrètement ces changements de comportement dans un futur proche.

Réjouissez-vous !

Réjouissez-vous d'avoir lu LE CHIOT, LA PLUME ET LE JOUET À MÂCHER : le secret pour améliorer votre santé et votre vie.

Réjouissez-vous de reconnaître que cela vous a apporté des idées que vous pouvez utiliser pour guérir notre monde tout comme vous-même.

Réjouissez-vous de la bonté des autres qui utilisent ce système.

Réjouissez-vous chaque fois que vous avez pu vous souvenir de votre formulation d'identification appropriée « Je veux » et des graines que vous avez hâte de planter pour la créer.

Réjouissez-vous de toutes les bonnes choses que vous voyez autour de vous.

Semaine 2 : Planification

Maintenant vous déterminez quelles graines planter et envers qui afin de faire pousser le jardin de votre formulation d'identification appropriée « Je veux... ».

Rappelez-vous que pour récolter les résultats que vous ciblez, vous devez faire l'expérience d'essayer d'aider quelqu'un d'autre à obtenir les résultats qu'il souhaite. Il est particulièrement puissant si les résultats qu'ils visent sont semblables aux vôtres.

Votre tâche consiste à prêter attention aux personnes avec qui vous échangez régulièrement. Cela pour savoir : ce qu'elles veulent, leurs besoins, où, vivent-elles des difficultés. Ainsi vous pourrez identifier quelqu'un pour être votre complice de soins de santé.

Avant de leur parler, imaginez comment votre conversation pourrait se dérouler. Comment pourriez-vous partager avec eux le problème avec lequel vous travaillez ? Comment pourriez-vous leur demander de l'aide ou leur offrir la vôtre ? Précisez clairement, la durée et la fréquence que votre horaire vous permettra afin de réaliser votre plan. Cela vous demandera peut-être d'établir de nouvelles priorités. Mais ne surchargez pas votre emploi du temps chargé.

Que pouvez-vous faire pour vous soutenir mutuellement à résoudre le problème sur lequel vous vous penchez ? Commencez par essayer des idées conventionnelles qui vous tenteront. Si votre allié de santé est ouvert aux idées de santé alternatives, cherchez là aussi. Gardez à l'esprit les moyens plus profonds et plus subtils que nous connaissons qui servent à protéger la vie et à améliorer le bien-être des autres. Prévoyez de les partager en tant que choses à faire pour vous aider mutuellement à aller mieux. Restez ouverts à leurs idées, même s'ils suggèrent quelque chose que vous auriez pu avoir essayé auparavant.

Embellissez vos plans en rêvassant à toutes les façons dont les bons résultats mûriront pour vous deux. Ensuite, imaginez que vous partagez les *Quatre Étapes* avec eux. Imaginez qu'ils commencent le processus des *Quatre Étapes* et le communiquent à des tiers, qui le transmettent aux leurs, qui l'apprennent à...

Réjouissez-vous !

Réjouissez-vous de toute votre planification.
Réjouissez-vous de la fantaisie de voir les résultats se répandre.
Réjouissez-vous de comprendre comment semer les graines du bonheur et du bien-être en essayant d'aider quelqu'un d'autre à accroître son bonheur et son bien-être.
Réjouissez-vous de votre formulation d'identification appropriée « Je veux... » et de votre action à cet égard.
Réjouissez-vous d'avoir lu LE CHIOT, LA PLUME ET LE JOUET À MÂCHER : le secret pour améliorer votre santé et votre vie.
Réjouissez-vous de votre pratique de réjouissances qui se renforce !

Semaine 3 : Prenez contact

Lorsque vous êtes prêts, contactez la personne de votre choix. Demandez leur aide. Prenez des dispositions pour les rencontrer le plus tôt possible afin de ne pas laisser passer l'occasion présente. Gardez à l'esprit votre formulation d'identification appropriée « Je veux... » et votre compréhension des semences, et de la façon dont vous soutiendrez chacun dans votre monde à atteindre le bien-être grâce à vos actions.

Amusez-vous bien pendant que vous demandez à votre ami de santé potentiel de vous parler de son état (ou tout autre sujet). Veillez à leur santé en écoutant avec attention.

Que pouvez-vous faire tous les deux pour vous entraider ? Établissez un plan d'entraide à intervalles réguliers, puis respectez-le aussi soigneusement que possible.

Rappelez-vous que s'ils rejettent votre offre à n'importe quel moment en cours de route, remerciez-les et allez trouver un nouveau complice santé avec qui travailler. Il y aura toujours des gens qui voudront de votre aide. Vous avez déjà planté des graines puissantes dans votre tentative d'aider la première personne.

Réjouissez-vous !

Réjouissez-vous d'avoir initié le premier contact.

Réjouissez-vous du plaisir éprouvé qu'a eu votre compagnon de soins à leur accorder une telle attention à leur égard.

Réjouissez-vous de votre volonté de les aider et d'accepter leur aide.

Réjouissez-vous de comprendre comment semer les graines du bonheur et du bien-être en essayant d'appuyer quelqu'un d'autre à accroître son bonheur et son bien-être.

Réjouissez-vous de votre formulation d'identification appropriée « Je veux... » et de votre action en conséquence.

Réjouissez-vous de toute votre planification.

Réjouissez-vous d'avoir lu LE CHIOT, LA PLUME ET LE JOUET À MÂCHER : le secret pour améliorer votre santé et votre vie.

Réjouissez-vous de votre pratique de réjouissances qui se renforce !

Semaine 4 :
Action intentionnelle :
Se rappeler les deux hautes intentions

Vous travaillez avec votre formulation d'identification appropriée « Je veux... » en aidant autrui à accomplir ce qu'il veut, semblable à ce que vous aimeriez. Vous faites cela parce que vous comprenez que des graines mentales sont constamment semées dans votre esprit par le biais de ce que vous vous observez penser, dire et faire en faveur des autres.

Vous comprenez que ces graines mentales mûriront tôt ou tard à mesure que vous expérimenterez des gens qui agissent de manière ressemblante à la vôtre. Vous comprenez que des résultats agréables ne proviennent que d'actions aimables et les résultats désagréables ne peuvent venir que d'actes déplaisants, peu importe comment elles apparaissent dans le moment présent. Alors, vous saisissez que pour connaître des plaisirs dans le futur, vous voudrez vous voir être bon et bienveillant envers autrui.

Vous êtes souvent gentil face à l'autre. Probablement la plupart du temps. En conséquence, vous expérimentez beaucoup de choses plaisantes. Mais vous plantez ces graines de gentillesse de façon assez aléatoire et involontaire. Ainsi, vos résultats apparaissent dans des événements aléatoires et inattendus. Vous n'êtes pas capable de reconnaître comment certains comportements influencent vos expériences futures. Par conséquent, cela devient difficile d'appliquer l'effort nécessaire pour s'entraîner à de nouveaux comportements.

En gardant à l'esprit les deux hautes intentions dans toutes les activités avec votre partenaire de santé, vous ajoutez de la force à vos graines pour être capable de reconnaître leurs résultats. Le fait de maintenir ces deux hautes intentions durant toute activité augmente le pouvoir de toutes les graines que vous plantez.

Deux hautes intentions :

1. J'aide mon ami avec son problème de santé afin de poser les graines dans mon esprit. Ces dernières mûriront en une situation où j'obtiendrai moi-même de l'aide avec mon problème de santé. Cela me prouvera que ce système fonctionne. Du coup, je peux encore mieux le mettre en pratique, et ainsi, aider de plus en plus de gens.

2. Je formule l'intention numéro 1 de sorte à la partager avec les autres afin qu'ils puissent apprendre à créer le futur qu'ils aspirent en aidant les autres à apprendre comment créer le futur qu'ils aspirent en aidant les autres à créer le futur qu'ils aspirent en aidant les autres. Je le fais dans l'optique de créer la révolution des soins de santé.

Inventez avec vos propres mots une formulation qui allume votre esprit et ouvre votre cœur. Affichez votre phrase exceptionnelle, comme aide-mémoire à de nombreux endroits différents. Consultez-la souvent.

Gardez-la à l'esprit, surtout au moment où vous rencontrez votre compagnon de santé. Souvenez-vous-en dès votre première rencontre. Gardez-la à l'esprit pendant que vous échangez. Faites de même en partant. Gardez-la à l'esprit en rentrant chez vous. Gardez-la à l'esprit...

Réjouissez-vous !

Réjouissez-vous de vous souvenir des *Deux Hautes Intentions*.
Réjouissez-vous d'avoir initié le premier contact.
Réjouissez-vous du plaisir éprouvé qu'a eu votre compagnon de soins à leur accorder une telle attention à leur égard.
Réjouissez-vous de votre volonté de les aider et d'être aidé par eux.
Réjouissez-vous de comprendre comment semer les graines du bonheur et du bien-être en essayant d'aider quelqu'un d'autre à accroître son bonheur et son bien-être.
Réjouissez-vous de votre formulation d'identification appropriée « Je veux... » et de votre action à cet égard.
Réjouissez-vous de toute votre planification.
Réjouissez-vous d'avoir lu LE CHIOT, LA PLUME ET LE JOUET À MÂCHER : le secret pour améliorer votre santé et votre vie.
Réjouissez-vous de votre pratique de réjouissances qui se renforce !

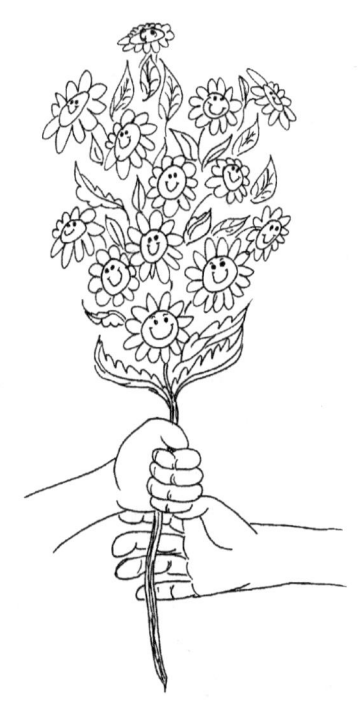

Semaine 5 :
Se réjouir complète l'acte

Être heureux avec soi-même pour les choses aimables que l'on a pensées, dites et faites aux autres et pour les autres, ajoute du pouvoir aux graines mentales que nous avons semées. C'est comme l'eau que le jardinier répand sur le sol où il a planté ses précieuses graines de fleurs et de légumes. Se réjouir à plusieurs reprises de nos bontés, comme la chaleur du soleil vivifie ces petites graines moites pour germer.

Cultivez une pratique régulière et quotidienne de la réjouissance afin de tirer le meilleur parti de votre comportement. Gravez le moment qui vous convient le mieux. Avant le coucher, cela permet à l'état d'esprit positif de se prolonger dans le sommeil. Si l'unique moment dont vous disposez seul est celui dans votre voiture des allers et retours pour votre travail, alors partez 5 ou 10 minutes plus tôt et réjouissez-vous avant de partir.

Une autre possibilité, c'est d'exprimer votre joie avec votre famille. À l'heure du repas, il peut être le sujet de conversation pour chaque membre de partager quelque chose de bien qu'ils ont vu quelqu'un faire ce jour-là aussi bien que ce qu'ils ont fait pour une autre personne. Cela sèmerait de puissantes graines dans l'esprit de chacun.

Particulièrement reliés aux *Quatre Étapes*, les efforts actuels, remémorez-vous d'avoir clarifié votre formulation « Je veux... », avoir réfléchi aux graines mentales que vous voulez créer et auprès de qui. Ressentez de la joie en vous remémorant le processus d'apprentissage de cette pratique et pourquoi. Souvenez-vous d'avoir contacté votre allié de santé, et des manières dont vous vous êtes épaulés. Pensez au plaisir que vous éprouverez à continuer à vous entraider et à commencer à récolter les résultats. Appréciez le plaisir qu'ils ont eu à vous épauler et le plaisir qu'ils ont eu de votre collaboration. Pensez au plaisir qui en découlera pendant que vous continuez à vous soutenir et commencez à récolter les résultats. Ressentez du contentement, de la façon dont vous vous êtes appliqué à apprendre ces *Quatre Étapes*.

Imaginez le bonheur de tous ceux que vous connaissez lorsque chacun se rendra compte que le moyen d'atteindre le bonheur qu'il souhaite est d'aller aider quelqu'un d'autre à réaliser ce qu'il veut. Tous aidant tout le monde. Et tout le monde qui se réjouit de leur contentement de tout cela !

Réjouissez-vous de vous souvenir de toute gentillesse, grande ou petite. Les réjouissances n'ont ni limite ni date de péremption.

Vous n'avez pas besoin de vous limiter à vous réjouir une seule fois par jour. Laissez-la se répandre à vos activités et à vos interrelations. Une personne heureuse, confiante et contente élève ceux qui sont près d'elle sans rien faire de particulier.

Reconnaissez que la beauté, le plaisir, la richesse, la santé et l'amour que vous vivez déjà sont les résultats de votre bonté passée. Réjouissez-vous de les avoir tous créés. Comment pouvez-vous le partager pour le perpétuer ? Comment pouvez-vous créer plus des types de gentillesse qui ont créé celles que vous voyez déjà ?

Si vous éprouvez de la difficulté à la pratique de la réjouissance, appliquez les *Quatre Pouvoirs* à toutes les façons par lesquelles vous faites ou avez fait en sorte que d'autres se sentent inadéquats ou indignes. Regardez vers l'intérieur. Vous sentez-vous comme ça ou vous traitez-vous ainsi ? Rappelez-vous qu'il s'agit simplement de graines mûrissantes dans l'habitude de manquer de respect envers vous-même ou les autres. Générez de véritables regrets. Déterminez comment faire le contraire aux prochains autant qu'à vous. Décidez-vous à être vigilant et arrêtez de répéter ce comportement non désiré.

Curieusement, la jalousie et la convoitise créent de sérieux obstacles pour être capables d'être heureuses avec soi et avec les autres. L'antidote est d'aider autrui à obtenir les choses auxquelles ils aspirent, surtout celles que nous voudrions pour soi. Ce n'est pas notre réponse habituelle quand on est jaloux de quelqu'un ! Être heureux quand ses semblables obtiennent ce qu'ils veulent, être heureux quand vous voyez de tierces personnes obtenir ce que vous voulez, génèrent de plus en plus, votre bonheur, quelles que soient les circonstances apparentes.

Si c'est vrai que tout le monde veut tout simplement être heureux, et que vous produisez les graines du bonheur en essayant d'aider des tiers à l'être, alors, peu importe ce qu'il vous arrivera, vos graines mûrissantes seront des graines de bonheur, quelles que soient les circonstances apparentes.

Cela nous amène à un cycle complet. Se réjouir, être heureux de la bonté que nous voyons chez les gens et de la bonté que nous nous voyons accomplir, propulse le processus qui nous amène à un cycle complet. Se réjouir, être heureux de la bonté que nous voyons des autres faire preuve, et de la bonté que nous nous voyons faire, fait avancer le processus.

Donc :

Aidez quelqu'un d'autre à améliorer sa pratique de la réjouissance. Et réjouissez-vous de l'avoir fait.

Réjouissez-vous !

Réjouissez-vous de toutes les façons dont vous avez apporté le bonheur aux autres.

Réjouissez-vous de tous vos souvenirs des *Deux hautes intentions*.

Réjouissez-vous d'avoir initié le premier contact.

Réjouissez-vous du plaisir qu'a procuré votre compagnon de santé de leur accorder une attention toute particulière.

Réjouissez-vous de votre volonté d'aider et d'être aidé par eux.

Réjouissez-vous de comprendre comment semer les graines du bonheur et du bien-être en essayant d'aider autrui à accroître son bonheur et son mieux-être.

Réjouissez-vous de votre formulation d'identification appropriée « Je veux... » et de votre action sur cette base.

Réjouissez-vous de toute votre planification.

Réjouissez-vous d'avoir lu LE CHIOT, LA PLUME ET LE JOUET À MÂCHER : le secret pour améliorer votre santé et votre vie.

Réjouissez-vous de votre pratique de réjouissances qui se renforce !

Et

réjouissez-vous des incroyables changements que vous voyez.

Semaine 6 : Reconnaissance des résultats

Vous avez maintenant le programme complet en main, du moins dans votre compréhension de la manière de le faire. Que vous l'utilisiez ou non intentionnellement, il commence à fonctionner. Plus vous suivez les étapes intentionnellement, plus les résultats seront évidents une fois qu'ils seront apparus. Les résultats de vos actions passées mûrissent constamment au fur et à mesure de vos expériences en cours. C'est juste un petit décalage dans la prise de conscience que de le reconnaître, puis de s'en réjouir si l'expérience est agréable et de regretter si elle est désagréable. Les deux conduiront à agir avec plus de gratitude et de gentillesse, en semant des graines pour le plaisir futur.

À quoi pourrait ressembler le programme Secret pour améliorer votre santé et votre vie ?

- Le niveau de bien-être de votre compagnon de santé s'améliore.
- De nouveaux traitements pour votre condition deviennent disponibles pour vous.
- Vos anciens traitements semblent mieux fonctionner.
- Vous voyez des changements positifs dans votre monde en termes de soins de santé, prévention, amélioration de la vie.
- Vous voyez des gens en bonne santé autour de vous.
- Vous vous sentez mieux, plus heureux et plus confiant en vos habiletés pour créer constamment votre futur.

Et alors ?

Si vous avez d'autres problèmes de santé ou de vie sur lesquels vous voulez travailler, révisez votre programme et ajustez-le en conséquence. Il n'y a pas de limites à ce que vous pouvez créer par le biais de graines mentales, plantées et cultivées correctement.

Partagez-le avec d'autres.

Aidez d'autres personnes à comprendre le *jardinage* mental/ comportemental pour créer le futur qu'elles aspirent. Organisez un séminaire sur les secrets de l'amélioration de votre santé et de votre vie, pour les gens que vous connaissez. Partagez votre secret avec votre partenaire de santé. Parlez-en à tous qui vous demande comment vous avez concrétisé de tels changements remarquables.

Enfin, continuez à vous réjouir dans toute la bonté que vous déployez auprès des gens, dans toute la bonté dont vous êtes témoins autour de vous. C'est la clé du succès de votre programme, le succès de votre vie.

Réjouissez-vous !

Réjouissez-vous du succès de votre programme *Secret d'amélioration de votre santé et de votre vie.*
Réjouissez-vous de toutes les façons dont vous avez apporté le bonheur aux autres.
Réjouissez-vous de vos souvenirs des *Deux hautes intentions*.
Réjouissez-vous d'avoir initié le premier contact.
Réjouissez-vous du plaisir qu'a procuré à votre compagnon de santé de lui accorder une attention toute particulière.
Réjouissez-vous de votre volonté d'aider et d'être aidé par eux.
Réjouissez-vous de comprendre comment semer les graines du bonheur et du bien-être en essayant d'aider autrui à accroître son bonheur et son mieux-être.

Réjouissez-vous de votre formulation d'identification appropriée « Je veux... » et de votre action à cet égard.
Réjouissez-vous de toute votre planification.
Réjouissez-vous d'avoir lu LE CHIOT, LA PLUME ET LE JOUET À MÂCHER : Secret pour améliorer votre santé et votre vie ?
Réjouissez-vous de votre pratique de réjouissances qui se renforce !
Réjouissez-vous des changements incroyables que vous voyez.

Je vous remercie de m'avoir donné l'occasion de partager tout ceci avec vous. J'espère que ce guide pratique vous a été utile. J'aimerais avoir de vos nouvelles sur toutes vos histoires de réussites ou de vos luttes afin que je puisse mieux aider les autres.

Pour vous,
Sarahni
puppypenchewtoy@gmail.com

Appendice

LE CHIOT, LA PLUME ET LE JOUET À MÂCHER :

Les vraies causes de la guérison

D'abord, veuillez vous asseoir avec une feuille blanche ou photocopiez le tableau suivant. À l'aide de la liste d'examen des systèmes, dressez un inventaire de votre état de santé actuel. Écrivez juste un mot ou deux pour chaque item afin de déterminer ce que serait sa « bonne santé » pour vous. Indiquez après si vous l'avez ou si vous souhaitez l'améliorer.

Deuxièmement, passez en revue chaque système que vous aimeriez améliorer en vue de décider son niveau d'importance pour vous. Utilisez une échelle de 1 à 5, où 1 est le plus important et 5 le moins important.

Troisièmement, regardez tous vos « 1 » pour identifier un thème commun. Par exemple, peut-être que vos « 1 » étaient tous liés à la fatigue, au manque d'endurance, aux problèmes de l'esprit, au manque de sommeil, ainsi de suite.

Quatrièmement, créez une brève formulation succincte et positive « Je veux... » qui reflète ce que vous avez mis en lumière dans la troisième partie. Exemple : « Je veux l'énergie et la vitalité nécessaires pour accomplir les choses que je veux réaliser. »

Inventaire de l'état de santé

Date :

Importance	Système	Qualités de bonne santé	Je l'ai	Besoin d'aide
	Cheveux, cuir chevelu			
	Tête			
	Yeux, vision			
	Oreilles, audition			
	Nez, odeur			
	Bouche			
	Dents, gencives			
	Langue			
	Gorge, avaler			
	Voix			
	Articulations de la mâchoire			
	Visage			
	Cou, muscles, os			
	Haut du dos, épaules			
	L'articulation de l'épaule			
	Les bras, les muscles, la peau			
	Coudes			
	Poignets			
	Mains			
	Doigts			
	Ongles			
	Système immunitaire			

LE CHIOT, LA PLUME ET LE JOUET À MÂCHER :

Importance	Système	Qualités de bonne santé	Je l'ai	Besoin d'aide
	Poitrine, devant et dos			
	Buste			
	Coeur, circulation			
	Poumons, respiration			
	Estomac, digestion			
	Foie			
	Rate			
	Pancréas			
	Reins			
	Intestins, élimination			
	Vessie, miction			
	Organe sexuel, fonction			
	Libido			
	Cycle menstruel			
	Fertilité			
	Milieu du dos, muscles, os			
	Le bas du dos, les muscles, les os,			
	Hanches, muscles, articulations			
	Cuisses			
	Genoux			
	Bas des jambes			
	Chevilles			
	Pieds, orteils			
	Ongles			
	Flexibilité globale			

LE SECRET POUR AMÉLIORER VOTRE SANTÉ ET VOTRE VIE

Importance	Système	Qualités de bonne santé	Je l'ai	Besoin d'aide
	Force globale			
	Endurance générale			
	Fonction mentale			
	Concentration			
	Le contentement			
	Mémoire			
	Accès à l'information			
	Qualité du sommeil			
	Gros Appétit			
	Poids			
	Relations			
	Émotions			
	Niveau d'exercices, activités quotidiennes			
	L'habitude de rompre			

Ajouts personnels

Vue d'ensemble des causes de la guérison

4 Lois	4 Fleurs	4 Étapes	4 Pouvoirs
Définitives	Mûrissent par similitude	Sachez ce que vous voulez	Reconnaissance
Les graines poussent	Mûrissent selon l'habitude	Planifiez comment aider autrui à obtenir ce qu'ils veulent	Regret
Non plantées, ne peuvent germer	Mûrissent comme les conditions	Agissez intentionnellement	Actions réparatrices
Plantées vont germer	Semées/ Mûrissent à 65/instant, ne s'épuiseront jamais	Réjouissez-vous !	Retenue

4 Lois

1. **Définitives** : les graines mentales de bienveillance mûriront en tant que résultats agréables, tandis que les graines mentales de malveillance mûriront comme des résultats désagréables, et il ne peut en être autrement qu'ainsi.

2. **Les graines poussent** : les graines mentales poussent durant le temps nécessaire pour atteindre leur maturité ; le résultat sera plus grand que la cause.

3. **Les graines non semées ne peuvent pas donner de résultat** : n'attendez pas quelque chose, de rien, ne soyez pas déçus, il suffit de semer les graines qui sont indispensables pour l'apparition du résultat.

4. **Les graines plantées doivent donner un résultat** : aucune graine ne disparaît sans donner de résultats. Mais nous pouvons apprendre à endommager les graines négatives, les identifier, en vue, de réduire la gravité de leurs résultats (ou même de les arrêter complètement).

4 Fleurs

1. **Les graines mûrissent comme un événement similaire** à celui qui les a plantées.
2. **Les graines mûrissent comme on a l'habitude** de réagir à leurs résultats. De la même manière qu'elles ont été semées.
3. **Les graines mûrissent en tant que conditions environnementales** (dont les gens qui nous entourent) qui reflètent avec quel comportement elles ont été plantées.
4. **Les graines mûrissent comme notre futur maintenant** : nous ne manquons jamais de graines. Elles sont plantées à un rythme de 65 graines/instant de conscience et mûrissent au même rythme, mais elles se multiplient pendant le temps qui s'écoule entre eux. Ainsi, nous avons toujours assez de graines mentales pour être plus conscients de « moi et mon monde », quoi qu'il ressemble.

4 Étapes

1. **L'identification adéquate** des graines que nous voulons planter en vue d'obtenir le résultat que nous voulons.
2. **Planifiez** comment planter ces graines : à l'égard de qui, quoi faire et comment le faire.
3. **Action intentionnelle** : réaliser le plan, avec les *Deux hautes intentions*.

4. **Se réjouir de la concrétisation** : s'approprier l'action, être heureux de l'effort et du bonheur qu'elle semblait apporter à l'autre, afin d'arroser les graines pour les cultiver à maturité.

4 Pouvoirs

1. **Reconnaissance** : Se souvenir de notre compréhension du processus des graines mentales pour reconnaître les graines négatives que nous avons et que nous ne désirons pas conserver (ni les nouvelles ni les anciennes).
2. **Regret** : éprouver un profond dégoût pour le comportement qui nous a poussé à commettre l'acte malveillant et donc un profond regret d'avoir planté les graines pour encore plus de celui-ci, sachant que le résultat ne reviendra qu'en nous frappant à nouveau. Pas de culpabilité, mais de profonds et sincères regrets.
3. **Remède** : décider de faire et ensuite de réaliser effectivement une activité servant d'antidote.
4. **Retenue** : déterminer à éviter de répéter le comportement négatif pendant une période spécifique que vous savez pouvoir garder, puis le faire.

Idées sur lesquelles s'appuyer pour l'étape 2 : Planification

Bonnes pratiques conventionnelles en matière de santé

Maintenir un poids corporel idéal
S'engager dans un programme d'exercice régulier
Avoir une alimentation faible en gras saturés et riche en fibres, avec beaucoup de fruits et légumes

Suivre un bilan de santé préventif et les recommandations selon votre groupe d'âge

Tenir les vaccins à jour
Cesser de fumer ; ne commencez pas
Consommer modérément d'alcool
Se détendre souvent
Dormir suffisamment
Pratiquer une sexualité protégée
Se brosser les dents et la soie dentaire régulièrement
Être attentif à l'exposition au soleil en toute sécurité
Conduire prudemment
 S'empêcher d'utiliser votre téléphone cellulaire en conduisant
Boucler toujours votre ceinture de sécurité.
S'interdire de conduire en état d'ébriété
Assister aux Alcooliques anonymes ou à un groupe de soutien si requis
Rire beaucoup, surtout de vous-mêmes !

LE CHIOT, LA PLUME ET LE JOUET À MÂCHER :

Autres suggestions de bonnes pratiques en matière de santé

Tai Chi
Yoga
Natation
Qi gong
Médecine alternative/remèdes à base de plantes, homéopathie, Ayurveda, Médecine traditionnelle chinoise/acupuncture
Utiliser des suppléments nutritionnels appropriés
Marcher 20 minutes par jour
Étirer votre corps
Utiliser des épices à des fins médicinales
Détoxiner le foie, en suivant des conseils appropriés
Nettoyer les intestins, sous des conseils appropriés
Se relaxer régulièrement
Dormir suffisamment
Utiliser un pot en filet pour garder les sinus clairs
Écouter de la musique régulièrement
Chanter
Danser
Jouer
Éviter l'exposition à la pollution
Prendre soin d'un animal de compagnie avec amour
Se faire masser régulièrement
Socialiser
Être présent et disponible pour les autres
Minimiser l'exposition au rayonnement solaire
Respirer profondément
Sourire
Rire
Méditer régulièrement
Pratiquer le bénévolat
Prendre soin de votre vie spirituelle
Discipliner votre comportement et votre esprit envers la bonté

Semences d'amélioration de la vie/protéger la vie

Emmener quelqu'un à l'urgence ou au rendez-vous médical.
   lorsque l'occasion se présente
Promener le chien, ou n'importe lequel... (avec la permission du propriétaire du chien, bien sûr)
Co-voiturage
Conduire prudemment et en toute sécurité
Supprimer les obstacles : au propre comme au figuré
Informations sur l'action
Écouter les autres
Réutiliser, recycler pour minimiser les déchets
Préserver les ressources
Donner régulièrement du sang ou des plaquettes
Rester à la maison lorsque votre maladie est contagieuse
Pratiquer une bonne hygiène
Manger souvent des aliments végétariens
Choisir des œufs de poule en liberté
Servir des repas végétariens à d'autres personnes lorsque vous avez l'occasion
Éviter de tuer les insectes
Profiter d'actes de gentillesse au hasard
Agir en pleine conscience pour le bien-être de tous
Emporter de l'eau supplémentaire
Libérer les vers de terre qui seraient utilisés comme appâts pour les poissons.
Libérer les poissons et grillons d'alimentation dans des environnements appropriés
Veiller à la sécurité à la maison et au travail
Aider les personnes handicapées
Être à l'affût des façons d'aider les autres
Éliminer les dangers
Sauver un animal de compagnie d'un refuge pour animaux et soignez-le avec amour
Aider une autre personne à se rappeler de prendre ses médicaments tels que prescrits
Aider quelqu'un à s'exercer régulièrement
Ajouter vos propres idées....

Lignes directrices simples

Dans mon séminaire, les gens me demandent souvent des lignes directrices simples sur les comportements à éviter et les changements à apporter. Voici 10 suggestions communément retenues par les traditions spirituelles.

Non-vertus, des choses que nous effectuons de façon évidente ou subtile, qui nous reviendront désavantageusement :	Les vertus, choses que nous effectuons de façon évidente et subtile, qui nous reviennent agréablement (l'opposé des dix non-vertus) :
Tuer Voler Conduite sexuelle répréhensible	Protéger la vie Protéger les biens d'autrui Protéger/honorer les relations engagées des autres
Mentir Discours dur Discours qui divise Des paroles inutiles	Parler en disant la vérité Parler gentiment, affectueusement, de façon plaisante, Parler pour rassembler les gens, faire l'éloge des autres, souligner leurs bonnes qualités Parler avec à-propos, significativement, parler de choses pertinentes
Convoitise (jalousie) Mauvaise volonté Vue erronée	Être heureux pour les succès des autres ; Prospérité, accomplissements. bénédictions Se sentir concerné par le malheur des autres, être prêt à les aider qu'on les aime ou pas. Une vision correcte ; la compréhension de la vérité de « nous récoltons ce que nous semons » et de ses ramifications.

Ressources

Livres spécifiques aux idées *4x4* :

The Tibetan Book of Yoga. Michael Roach, Doubleday Division of Random House USA, Inc. 2004

The Eastern Path to Heaven: A Guide to Happiness From the Teachings of Jesus in Tibet. Michael Roach, Seabury Books, 2008

The Diamond Cutter: The Buddha on Managing Your Business and Your Life. Michael Roach, Random House USA Inc, Doubleday & Co Inc. 2009

Karmic Management: What Goes Around Comes Around in Your Business and Your Life. Michael Roach, Christie McNally, and Michael Gordon, Random House USA Inc, Doubleday & Co Inc. 2009

The Karma of Love: 100 Answers for Your Relationship, from the Ancient Wisdom of Tibet. Michael Roach, Diamond Cutter Press 2013

Mes favoris personnels

Tous les livres écrits par ces auteurs, mais sans m'y limiter :

Carolyn Myss, Deepak Chopra, Marianne Williamson, Dawson Church, Norman Shealy, Joe Dispenza. Tenzin Gyatso, Annie Besant, Eckhart Tolle.

Histoires pour progresser

Le pouvoir de se réjouir

Sarahni Stumpf

Après de nombreuses années d'étude des 4 lois, des 4 fleurs, des 4 étapes et des 4 pouvoirs, j'ai eu une rare occasion de les utiliser tous dans une situation de besoin aigu. Avant cela, j'avais compris que le délai était inévitable et long. Mais, dans les 5 derniers mois de notre retraite de 1000 jours, mon mari grand, beau, drôle, intelligent et en bonne santé est soudainement devenu très essoufflé. Son pouls s'accélérait, sa tension artérielle augmentait, il avait des douleurs au bas de sa poitrine. Nous avons pris la décision qu'il devait rompre la retraite et moi y resterais. La raison exacte de mon séjour est une plus longue histoire. Il a empaqueté quelques affaires et rejoint le personnel soignant de la retraite qui l'a immédiatement emmené à l'urgence de l'hôpital local, à 45 minutes de route.

Dès qu'il a quitté notre cabine de retraite, je n'avais aucune information directe sur son état. Je me suis retrouvée confrontée très nettement à cette nature vide, vacante et potentielle de ma réalité du moment présent. Je ne savais pas s'il avait réussi à descendre la montagne. Je ne savais pas si l'équipe de soins l'avait emmené aux urgences. Je ne savais pas s'il était arrivé aux urgences. Je ne savais rien du tout. Mais là, j'attendais de savoir, comme s'il n'y avait rien que je puisse faire jusqu'à ce que quelqu'un vienne me donner des nouvelles...

C'était fascinant, en fait, d'être si près d'atteindre cette expérience directe de la vraie nature de la réalité. Je n'ai pas réussi à m'y fondre. Mon esprit était encore trop actif, trop inquiet, mais j'ai eu un bon aperçu que je n'oublierai jamais.

Après quelques heures, le chef de l'équipe de soins de la retraite communiqua avec moi pour me dire que David était bien rendu aux urgences. Il était très malade. Ce n'était pas son cœur. On ne savait pas encore ce que c'était. On lui passait un scan à sa poitrine et il leur fallait 2 à 3 heures pour en savoir plus. Puis le membre du personnel partagea avec moi une expérience qu'il vécut récemment avec son épouse. Elle avait développé des douleurs thoraciques et s'était retrouvée aux urgences. Tous les tests disaient alors qu'elle faisait une crise cardiaque. Ils l'ont emmenée en chirurgie pour une angiographie. En attendant, son mari a parlé avec notre enseignant qui lui a conseillé de se rappeler toutes les façons dont sa femme avait protégé la vie, pris soin de la santé des autres et de se réjouir de toutes ces bonnes graines qu'elle avait dans son esprit. Elle a eu 6 enfants et beaucoup de petits-enfants, alors elle avait beaucoup, beaucoup de graines de ce genre dont il était au courant. Assis dans la salle d'attente, il se ravissait de ses graines bienfaisantes de santé. Bientôt, le chirurgien sortit pour lui dire que le cœur et les vaisseaux sanguins de sa femme étaient en parfaite santé. Il n'y a eu aucun signe de crise cardiaque. Pas de blocage. Quels étaient tous ces résultats d'essais auparavant ? « Je ne sais pas, dit le chirurgien, mais je vois un cœur en parfaite santé. »

J'ai pris ces instructions à cœur. J'ai commencé à penser aux multiples façons dont j'avais pris soin de ma santé, mais j'ai vite réalisé qu'il s'agissait d'identifier les soins que David avait faits. Heureusement, je le connaissais assez bien (nous étions mariés depuis 37 ans à l'époque) pour me rappeler toutes les différentes manières dont il protégea la vie. Je savais aussi qu'il avait fait du mal à la vie et j'ai dû continuellement rejeter ces pensées au fur et à mesure qu'elles surgissaient. Non, je me réjouis de sa bonté en ce moment, j'ai besoin que ces graines mûrissent tout de suite. Nous étions végétariens depuis plus de 20 ans. Il avait tenu un colibri blessé pendant que nous l'emmenions d'urgence chez le spécialiste en réadaptation. Il s'est arrêté pour aider les gens à changer leurs pneus crevés, il a cuisiné pour nous, il a réparé des choses pour les gens. La liste était très longue et ne cessait de s'allonger au fur et à mesure que j'y pensai. Tout en craignant qu'il ne meure, je me sentais vraiment heureuse ; d'avoir eu des munitions aussi puissantes pour faire passer mes graines mûrissantes de "mari assez malade pour mourir" à "mari dont la vie est sauvée".

Cela a duré encore quelques heures, jusqu'à ce que je reçoive plus d'informations. David a eu des embolies pulmonaires bilatérales massives et un infarctus pulmonaire (tissu pulmonaire mort). L'un des résultats de ses tests était si mauvais que les médecins n'arrivaient pas à croire qu'il vivait encore, et encore moins à réagir. Pourtant, il était stable, sous oxygène et sous les médicaments appropriés et attendait d'être transféré dans un hôpital plus grand à Tucson, à deux heures de route. Ils s'attendaient à ce qu'il aille bien s'il n'y avait pas de complications. Mais il devrait prendre des anticoagulants, ce qui nécessiterait des analyses sanguines régulières et un régime alimentaire très soigneusement régulé. Il était peu probable qu'il puisse revenir en retraite pour terminer les derniers mois. C'était 2 jours avant que je ne reçoive plus d'informations.

J'avais l'impression d'avoir été frappée par une tonne de briques. Non pas par le stress de la proximité de sa mort, mais par la puissance de la vérité du *4X4* et comment elle peut être utilisée dans l'instant présent. Pour moi, ce n'était plus théorique, mais maintenant une expérience directe.

Le chiot, la plume et le jouet à mâcher :

Je l'ai ensuite pratiqué un peu plus encore, afin de déplacer les graines pour qu'il ne puisse pas être en mesure de revenir en toute sécurité, à la retraite. Il avait des semences parce qu'il avait aidé d'autres personnes à rester dans une retraite qui risquait d'être fermée. Il avait des semences provenant du fait qu'il avait veillé à ce que les cabines de notre centre de retraite fussent construites conformément aux codes de sécurité. Il avait conçu et avait construit le système d'eau qui fournissait de l'eau salubre et saine à tous. Ces graines ont mûri au fur et à mesure qu'on lui prescrivait un médicament différent qui ne nécessitait pas d'analyse sanguine fréquente ni un régime alimentaire étroitement régulé ! Il est retourné en retraite. C'est avec beaucoup de gratitude et de joie que nous sommes sortis ensemble le jour de l'ouverture.

Depuis, j'ai partagé cette pratique de réjouissance avec des personnes qui se retrouvent dans une situation semblable — avec un être cher qui est malade, mais qui n'a pas encore reçu un diagnostic complet. Jusqu'à ce que les graines mûrissent complètement, la situation reste influençable. Se réjouir de leur bonté peut avoir un effet puissant et rapide. Ensuite, nous les aidons à créer davantage de ces bonnes semailles.

Même les attentes répondent aux graines

Sarahni Stumpf

J'ai une amie, une femme d'âge moyen qui a développé une arthrite dégénérative de la hanche à un très jeune âge. Dans un état de douleur constante, elle ne réagissait que légèrement à l'acupuncture, à la guérison par le Reiki, aux changements de régime alimentaire et aux médicaments. Les gens en qui elle avait confiance lui ont conseillé d'éviter le plus longtemps possible une arthroplastie de la hanche. Elle comprit que l'opération n'arrêterait pas la douleur de toute façon parce que la douleur n'était pas vraiment causée par l'arthrite. Elle boitait et utilisait une canne-béquille, restreignait son activité et se blessait tout le temps. Puis vint l'occasion de donner des soins à domicile pour un vieil oncle d'un ami. Sa femme vivait dans une maison de retraite. Il aimait lui rendre visite une fois par semaine et la ramener à la maison pour voir leurs chats. Sa santé se dégradait au point où il ne pouvait plus le faire sans aide. Sa nièce craignait qu'il ne puisse même vivre seul plus longtemps. Mon amie a sauté sur l'occasion d'aider cet homme, sa femme et son amie avec leur santé, leur sécurité, leur transport et leur vie de couple, tout en bénéficiant d'un endroit pour rester ! Elle s'occupait de l'homme avec beaucoup de douceur et de gentillesse. Après moins d'un an, elle décida qu'il était temps pour elle de se faire remplacer la hanche. Elle marche maintenant sans boiter, sans canne ni douleur.

LE CHIOT, LA PLUME ET LE JOUET À MÂCHER :

Envisageant une nouvelle voie

Ron Becker

En 2000, je me suis réveillé un matin et dis à ma femme que quelque chose ne tournait pas rond dans un de mes yeux. Nous sommes allés voir un ophtalmologiste qui m'a dit que j'avais une dégénérescence maculaire, une maladie que beaucoup d'aînés ont connue et qui s'est manifestée dans mon autre œil au fil des ans.

Cette même année, nous avons aussi revu les enseignements de l'ancienne sagesse dans cette vie par l'intermédiaire de notre exceptionnel maître spirituel. Au même moment, nous avons rencontré une femme en Arizona qui avait une clinique de l'autre côté de la frontière, au Mexique. Je suis devenu le fournisseur de pièces pour la clinique et j'ai développé un réseau de revendeurs d'équipements de physiothérapie : fauteuils roulants, marchettes, béquilles et cannes dans la région de Denver. Au fil des ans, j'ai transporté de nombreux camions semi-remorques chargés de l'équipement d'occasion que les concessionnaires m'ont donnés au Mexique.

Lors du réapprentissage des *Quatre Étapes* de la Voie Karmique dans cette vie, j'ai dédié tous les mérites que j'ai créés dans ma vie en donnant l'occasion à de nombreuses personnes au Mexique de se déplacer plus facilement ! Et je m'en suis réjoui.

Par ailleurs, dans les années 1970, pendant de nombreuses années, ma femme et moi avons envoyé de l'argent chaque mois à la SEVA, une organisation qui fournit gratuitement des lunettes et surtout des opérations de la cataracte aux pauvres du monde entier (www.seva.org). Pour 35,00 $ par mois, nous pouvions « guérir » la cécité d'une personne dans le monde. Il y a environ un an, j'ai remarqué que mes yeux semblaient aller mieux. Lors de mon dernier rendez-vous avec mon rétinologue, il a dit de mes yeux qu'ils « sont DÉFINITIVEMENT mieux ! » Cela vient du fait qu'il faut pourvoir aux besoins des autres par ce que je veux, comme résultat. Nous pouvons changer n'importe quoi en créant et en amenant les graines à mûrir pour cela.

Après le décès de ma belle-mère en 2012, qui nous a légué de l'argent, nous avons choisi de l'utiliser pour aider les autres. Nous avons envoyé suffisamment d'argent à la SEVA pour parrainer une clinique ophtalmologique au Népal dans l'optique que de nombreuses personnes aveugles puissent avoir des opérations de cataracte et voir, pour la première fois, de nouveaux petits-enfants, des belles-filles ou même leurs conjoints.

Nous continuons à créer le monde que nous voulons.

L'addendum de Sarahni : On a d'ailleurs découvert que Ron souffrait d'un anévrisme aortique important à la suite d'une IRM de suivi pour ses problèmes de dos. Il a été réparé avec succès. Les anévrismes aortiques causent habituellement la mort subite avant qu'on ne les trouve. Simplement une chance pour Ron ? Ou le résultat de ses soins de santé pour les autres ?

LE CHIOT, LA PLUME ET LE JOUET À MÂCHER :

Vivre les 4 étapes

Christine Walsh

En 2006, j'ai commencé à étudier les pratiques de la Sagesse ancienne et à apprendre une nouvelle façon de comprendre les causes profondes de la santé et du bien-être. La sagesse est profonde et très simple, mais je peux vous dire sans réserve que ce fut la médecine la plus puissante. Le médicament qui a finalement fonctionné pour moi.

Un an plus tôt, on m'avait diagnostiqué une polyarthrite rhumatoïde. C'est une maladie douloureuse et débilitante. Je l'avais dans pratiquement toutes les articulations de mon corps. J'avais très mal et j'avais peur. Presque toute ma vie, j'ai eu une santé presque parfaite et une énergie illimitée. J'adorais mon travail de psychologue ; mais j'ai dû le cesser, car je pouvais à peine m'habiller. Quand je prenais une douche, je devais me reposer pendant une heure pour retrouver mon énergie. Parfois, je restais coincée dans une pièce parce que je n'arrivais pas à tourner la poignée de la porte. Je suis passée d'une femme dynamique et pleine d'énergie dans la cinquantaine à une vieille dame malade et frêle, apparemment du jour au lendemain.

Mon médecin m'a prescrit les médicaments habituels pour la polyarthrite rhumatoïde et il a continué à augmenter les doses, mais j'avais encore beaucoup de douleur et ma mobilité était très limitée. Ensuite, mon mari a pris des dispositions pour que j'aille à la clinique Mayo chez le meilleur médecin de PR du pays. Je voulais faire un type de traitement plus holistique, qui incluait bien sûr la médecine, mais qui était complété par d'autres approches. Le médecin de la clinique Mayo m'a dit que j'avais deux choix :

prendre le médicament comme elle me l'avait prescrit ou vivre dans un fauteuil roulant.

J'ai donc pris le médicament, mais je souffrais toujours, et j'avais encore que très peu d'énergie. C'est alors que j'ai commencé à plonger dans les pratiques de la Sagesse ancienne. Le principe de base est que si nous voulons la santé, si je veux recouvrer la santé, si je veux que mes médicaments soient vraiment efficaces, si je veux avoir de l'énergie et de la vitalité, je dois donner ce que je veux et ce dont j'ai besoin à une autre personne. C'était étrange, bizarre et trop beau pour être vrai quand je l'ai entendu. Alors si vous avez des réserves, c'est bien ! Vous pouvez contester les principes. Mais ne laissez pas vos doutes vous empêcher d'expérimenter les principes pour vous-même.

Je n'avais ni les ressources ni l'énergie pour aider physiquement les autres personnes atteintes de cette maladie douloureuse, alors j'ai commencé par ce que j'étais en mesure de faire : une méditation appelée *donner et prendre*. Donner et prendre est une manière intérieure d'aider les autres et de donner aux autres ce que vous voulez pour vous-même. Cette méditation est ancienne et puissante et tout ce que je peux dire, c'est qu'elle a très bien fonctionné pour moi. Cela n'a pas fonctionné du jour au lendemain. Je l'ai fait pendant un an. C'était ma pratique prédominante et quand j'ai commencé à me sentir mieux, j'ai commencé à faire du bénévolat physiquement. J'ai enseigné cette méditation au chapitre RA, profitant de chaque occasion pour aider toute personne malade ou souffrant de quelque façon que ce soit.

Vint un jour où je réalisai que je pratiquais de l'Hatha yoga, que je voyageais en Chine, que j'enseignais et même, j'oubliais la plupart du temps que j'avais la PR. J'ai malgré tout, pris mes médicaments qui fonctionnaient parfaitement. Aujourd'hui, je continue à pratiquer. Mon but est d'être libre de toute médication. Ce que je veux dire à propos de vivre dans cette sagesse et de pratiquer les enseignements parfaits anciens, c'est que c'est une « pratique » qui signifie qu'elle doit devenir un mode de vie, qu'elle doit imprégner votre vie. Dès que je commence à me sentir malade ou à éprouver de vieux symptômes de PR, je commence à travailler à planter des graines plus intensément pour ma santé et à trouver quelqu'un qui est malade pour le servir. Si j'avais mon mot à dire, toutes les bouteilles de médicaments, que ce soit pour des raisons médicales ou psychologiques, porteraient l'étiquette avec la rubrique suivante d'utilisation suggérée : « Prenez-en deux avec de la nourriture et servez les malades avec bonté et compassion. »

Je sais de quoi ça a l'air, je suis une psychologue dont l'esprit premier est toujours en recherche d'explications logiques, de recherches de soutien et de sources pour cette information. Tout ce que je peux vous dire, c'est que je sais sans l'ombre d'un doute dans mon esprit que comprendre et pratiquer cette sagesse est la seule chose qui fonctionne vraiment. Ce sont les graines de notre bonté et de notre compassion qui donnent le pouvoir de guérison à d'autres interventions, comme la médecine, les chirurgies, les régimes alimentaires ou l'exercice.

Si vous, lecteur, êtes comme moi, vous voudrez plus que l'histoire de quelqu'un pour vous convaincre de l'efficacité de cette sagesse. La seule solution est de devenir le scientifique. Essayez-la pour vous-même. Prouvez-vous-la. En effet, je crois que c'est la bonne façon d'accepter ou de rejeter une idée nouvelle ; l'apprendre, la pratiquer et la prouver ou la réfuter. Si vous choisissez de pratiquer cette sagesse, vous deviendrez une personne plus saine et plus heureuse et ce sera un résultat que vous ne pourrez arrêter.

Le pouvoir de se réjouir

L'histoire de Josh racontée par sa mère

Mon fils Josh a toujours été un enfant formidable : heureux et chanceux, intelligent, plein d'esprit, gentil, agréable avec ses frères et sœurs. Dès son plus jeune âge, il a toujours été lui-même et n'était jamais influencé par la pression de ses pairs. Au secondaire, c'était un élève dont les études de première et deuxième années de scolarité portaient des mentions honorifiques. Dans les années du secondaire de Josh, nous avons remarqué quelques changements. Il était moins sociable, un peu plus irritable, et ses notes chutaient. Il n'était pas intéressé par ses cours ou par ses bonnes notes. Nous avons essayé de lui parler, mais nous ne savions pas trop quoi faire et nous avons mis cela sur le compte du comportement des adolescents.

Josh a commencé son premier semestre d'université. Quand il était à la maison pendant les vacances d'hiver, nous avons reçu ses notes. Il avait échoué dans une de ses classes et avait obtenu un « D » dans une autre classe. Lorsque nous lui en avons parlé, il s'est effondré et a avoué qu'il sentait que quelque chose n'allait vraiment pas chez lui et qu'il avait besoin d'aide. Il m'a dit : « Je ne peux pas sortir du lit. Je veux bien faire et je me sens mal de ne pas faire ce que je devrais, mais je n'arrive pas à me concentrer ou à faire quoi que ce soit. »

Josh est rentré chez lui et a commencé à voir un psychiatre qui lui a diagnostiqué de l'anxiété et de la dépression. On lui a prescrit des médicaments qui l'ont aidé à se remettre sur les rails. Il a rapidement trouvé un emploi et a commencé à travailler à temps plein. Après quelques mois, Josh a emménagé dans son propre appartement. Il rentrait à la maison à l'occasion les fins de semaine ou si nous avions un événement familial. Il n'avait pas l'air d'être complètement redevenu comme avant, mais il allait mieux. De son propre chef, il a décidé d'arrêter de voir le psychiatre et d'arrêter les médicaments.

Josh est venu nous rendre visite un soir de la semaine. Il avait l'air bien tout ce temps. Cependant, en partant, il s'est mis à pleurer. Sa dépression était-elle revenue ? Son discours ne faisait aucun sens. Il n'était pas cohérent. Il s'est avéré qu'il avait pris des somnifères sur ordonnance que nous avions à la maison. Quand nous avons réalisé qu'il avait pris plusieurs doses, nous avons appelé le numéro d'urgence. Les ambulanciers paramédicaux ont parlé à Josh seul et nous ont dit qu'il avait admis consommer régulièrement des drogues et de l'alcool. Ils l'ont emmené à l'hôpital en ambulance.

Ils n'ont pas voulu nous laisser entrer dans la salle d'examen avant que le médecin n'ait parlé à Josh. Pendant que j'étais dans la salle d'attente, j'ai appelé Sarahni. Elle m'a immédiatement dit de commencer à penser à toutes les façons spécifiques dont Josh avait protégé la vie et aidé les autres au fil des ans, et de commencer à me réjouir de toutes les bonnes choses qu'il avait faites. Elle m'a aussi demandé de les partager avec elle pour qu'elle et son mari puissent s'en réjouir. « On peut retourner ces graines très vite ! » dit-elle.

À l'hôpital, il a été révélé que Josh avait consommé de l'alcool et tous les types de drogues imaginables sur une base quotidienne depuis plusieurs mois. L'infirmière de la salle d'urgence a dit qu'il avait besoin d'aide immédiatement, sinon il mourrait probablement. Une fois que la drogue a disparu de son système, il a pu quitter l'hôpital. Il était 3 heures du matin. En sortant, Josh m'a serrée dans ses bras. « Merci de toujours prendre soin de moi, maman ! » Il était lucide et enjoué. Il a passé la nuit à la maison. Le lendemain matin, il a dit qu'il ne voulait pas aller dans un centre de traitement, mais qu'il allait revoir un psychiatre. Je savais qu'il avait besoin de plus d'aide, que celle fournie par un psychiatre, mais je n'ai pas discuté et je lui ai dit que je trouverais un nouveau psychiatre. Ce jour-là, je n'ai cessé de me concentrer sur toutes les bonnes choses qu'il avait accomplies dans sa vie pour ses amis et les autres, et de me réjouir de toute la bonté qu'il avait en lui. Lorsqu'il est revenu à la maison plus tard dans la soirée, il nous a dit qu'il avait décidé d'obtenir de l'aide dans un centre de traitement et de retourner à la maison si nous l'acceptions.

J'ai appelé un ami qui avait un lien avec un centre de traitement ambulatoire. Ils nous ont donné rendez-vous le lendemain matin. Josh s'est immédiatement entretenu avec la personne chargée de l'accueil et a accepté de commencer le programme de drogue et d'alcool cette semaine-là. Deux mois plus tard, il a terminé le programme, s'est trouvé un nouvel emploi et est retourné à l'université.

Quand je repense au nombre de choses qui allaient mal pour lui et avec quelle rapidité tout s'est arrangé, j'en suis vraiment stupéfaite. Cela me semble presque miraculeux. Il buvait et se droguait tellement, depuis longtemps. Nous n'avions pas besoin de le « convaincre » qu'il avait besoin de se désintoxiquer et de se faire soigner. Nous n'avons pas eu besoin d'intervenir d'aucune façon. Sans presque aucune résistance, il a accepté de se faire aider. En deux jours, il était inscrit à un programme de consultation externe et en deux mois, il était pratiquement une nouvelle personne. Il est abstinent depuis maintenant plus de deux ans et il est heureux de travailler et de décrocher des A dans une double majeure à l'université. J'ai vraiment l'impression que c'est la pratique de la réjouissance qui a changé le cours des choses si rapidement et avec si peu de résistance !

LE CHIOT, LA PLUME ET LE JOUET À MÂCHER :

Lâchez-vous et réjouissez-vous !
Ou réjouissez-vous et lâchez-vous !

Jan Henrikson

Le mal de dos m'a forcé à annuler une réunion avec ma cliente, Sarahni, pour discuter de son livre sur la pose de graines de bienveillance et la réjouissance devant les graines de bonté déjà plantées. Soudain, ça m'a frappé. J'avais essayé un chiropraticien, les timbres contre la douleur, les suppléments. Pourquoi ne pas donner à la réjouissance un petit coup de roue de fortune ? Au début, je me sentais timide, maladroit et artificiel. En quoi ai-je vraiment contribué au bien-être de quelqu'un ? Ne devrais-je pas faire mon travail de rédaction alors que je suis au lit ?

Puis je me suis souvenu : un acte de bonté ici, une pensée de bienveillance par là. Peu de temps après, mon corps s'est senti illuminé, entier et spacieux au lieu d'être contraint par des maux de dos. Les réjouissances sont devenues un bain d'amour pour mon corps, qui a rapidement et presque incroyablement magnifié son bien-être.

Je ressentis la même chose que lorsque je canalisai les messages de l'Esprit/Source/Divinité/Soi supérieur/, quel que soit le nom que vous voulez lui donner, qui est toujours plein d'amour. Si j'ai un mal de tête ou un autre symptôme physique, ils disparaissent quand je canalise, puis reviennent progressivement quand je suis dans ma conscience « normale ». Comme c'est libérateur de découvrir que je n'ai pas besoin d'être dans un état méditatif ou altéré pour ressentir ce même sentiment de bien-être abondant. Tout ce que j'ai à faire, c'est de me souvenir.

Le chemin de la harpe

Megha Roezealia Morganfield, M.S.

J'ai déjà été la princesse du chagrin, ce que j'ai en partie attribué à ma présence lorsque mon père est mort à l'âge de cinq ans. Bien qu'à la fin de l'adolescence, je savais que j'étais responsable de ma propre guérison à la suite de tant de problèmes (y compris les façons dont j'avais vécu la victimisation), la découverte de ma parenté avec la harpe celtique à la fin de la vingtaine a été le véritable tournant. Je pensais que j'apprenais mon instrument pour accompagner mon propre répertoire de pièces vocales, et je l'ai fait avec une grande joie. Mais il y a un autre aspect de ma vie de harpiste qui est tout aussi important — jouer pour les mourants et la communauté qui les soutient.

Ce que j'ai trouvé, c'est que je peux offrir et transmettre la vraie grâce... que les douces ondes sonores des cordes de la harpe s'enchevêtrent dans ce temps présent, apportant une providence réelle. Ici, dans une pièce où la vie est en transition et où il y aurait probablement de nombreuses facettes du deuil, je peux humblement soutenir le processus. Venir avec ma harpe, et rencontrer ces moments pour une autre âme, chaque fois, m'apporte aussi une paix si profonde. Ma perte personnelle et les circonstances ont été le conduit à mon éveil personnel... à travers la harpe... pour apporter la grâce : que la vie et la mort peuvent être une expérience spirituelle qui nous équilibre et nous renvoie au grand tout.

LE CHIOT, LA PLUME ET LE JOUET À MÂCHER :

En récoltant les graines de l'amour

Rachelle Zola

Le trajet en taxi depuis Quito, en Équateur, n'a duré que 25 minutes. En espagnol, je dis à mon chauffeur de taxi que je suis très heureuse de visiter son pays. Les gens sont généreux et aimants. Il sourit. Après cela plus aucun autre mot. Nous arrivons au terminal sud. Il gare sa voiture. Je sors mon sac à dos du coffre et il commence à marcher avec moi ! Il m'emmène dans ce terminal assez grand ! Il demande ensuite aux gens où se trouve la billetterie. Il m'accompagne à la billetterie, dit au commis exactement où je vais et me dit combien ça va coûter. Il attend que je paie. Il prend ensuite le ticket et me fait signe de le suivre. Nous sommes à mi-chemin entre l'aérogare et les autobus. « Cinco minutos ! » dit-il. Lorsque nous arrivons à l'autobus, il parle au chauffeur en s'assurant que c'est le bon.

Nous sommes un peu essoufflés. Nous, le conducteur et moi, nous nous regardons. Sans aucun mot, nous nous embrassons comme si nous étions deux amis de longue date se disant au revoir. « Adios, » dit-il. J'apporte ma main à mon cœur. Il attend que je monte dans le bus. Au moment où j'écris ces lignes, je pleure. Tant d'amour. Mon cœur déborde d'amour.

Note : Rachelle était imprégnée de la certitude qu'elle devait être en Équateur. Elle n'a pas consciemment compris pourquoi. Pourtant, elle a écouté. Elle est arrivée juste à temps pour venir en aide à un orphelinat après que les tremblements de terre l'aient remplie avec encore plus d'enfants ayant besoin de soins. En plantant continuellement les graines de l'amour et de la compassion pour les autres, la compassion aimante lui revient de manière inattendue et profonde, comme une connexion d'âme apparemment spontanée avec un chauffeur de taxi.

Soyez le changement et développez des semences de bonté extraordinaire

Eliana Morris
elianamorris.path@gmail.com

Le dernier cycle de sept ans de ma vie a été une période critique pour moi. Je suis tombée enceinte d'un magnifique bébé il y a sept ans. Cet événement profond et indescriptible de ma vie m'a apporté un genre de responsabilité que je n'avais jamais vécue. Comme la plupart des parents le savent, il est pratiquement impossible de se sentir prêt à assumer la lourde responsabilité de prendre soin d'un autre être humain. Cependant, avec beaucoup de chance, j'avais passé 10 ans avant la naissance de mon enfant à apprendre et à pratiquer en profondeur, avec mon enseignant spirituel, la manière de prendre mes responsabilités personnelles et sociales dans la vie que je mène. Pendant les trois premières années, j'avais passé environ 600 heures d'études préalables et de pratiques sur la façon de planter des graines de bonté afin que la bienveillance puisse m'être rendue. C'était comme étudier la science, derrière, la *Règle d'Or*. Je passais ensuite les 6 années suivantes à poursuivre mes études de « maîtrise » et à pratiquer avec mon professeur spirituel pendant plus de 500 jours dans le désert isolé, apprenant à planter des graines et à mener une vie extraordinaire pour moi et les autres. De plus, dix ans avant ma maternité, j'avais enseigné aux enfants, aux parents et aux éducateurs comment *Être le changement et développer les graines de l'Extraordinaire Bonté*, la devise de mon organisme éducatif à but non lucratif.

La naissance de mon enfant apportait avec elle la mise en pratique de ce que j'avais appris. Terminés les cours. Terminées les discussions. Terminées les retraites et les méditations sur un coussin.

Tais-toi et agis ! Dès que ma fille a commencé à ramper, je suis retournée à mon coussin, temporairement, pour pratiquer et créer des méditations de pleine conscience pour les soignants de première ligne. Tout ce que j'ai pu faire après cette incroyable décennie de bonne fortune d'apprendre et de pratiquer, c'était simplement « Être le changement » pour ma fille et le monde dont nous héritons ensemble.

En utilisant la philosophie, les méthodes et la pratique de la semence de graines au cours des sept dernières années, j'ai pu atteindre et même dépasser tous mes objectifs. J'ai acheté une maison, puis payé mon hypothèque, sans emploi à temps plein, ne travaillant que 5 à 10 heures par semaine. Planter des graines m'a permis de créer l'emploi de rêve que je voulais en tant qu'éducatrice, en gagnant le double du revenu horaire, tout en restant en dehors d'un poste à plein temps dans un système défectueux qui dicte comment et qu'est-ce que j'enseigne. Mais surtout, en plantant des graines, mon enfant n'avait jamais vu ou connu une garderie ou été sans sa mère un seul jour jusqu'à ses 4 ans ½ (mes 2 premiers jours sans mon enfant se passèrent dans une retraite solitaire en grande gratitude !). Mon enfant a pu profiter de cours de danse, de musique, de natation et de théâtre. Elle fréquente maintenant une école sur un terrain de 15 acres. Le directeur fondateur de l'école est l'élève de l'élève de Maria Montessori — un pedigree qui remplit le cœur de mon éducatrice.

Pourtant, le début de mon voyage vers la maternité a été une expérience brutale et tumultueuse. Moins de deux ans après la naissance de ma fille, je n'avais littéralement pas de maison pour nous. Nous vivions avec un total de 700 $ par mois. J'avais moins d'une poignée de connaissances dans notre nouvelle ville. J'avais hâte de trouver un foyer sûr et les ressources nécessaires pour subvenir à nos besoins fondamentaux. Nous avions besoin d'amis qui étudieraient et s'entraîneraient un jour à planter des graines pour que ma fille et moi puissions cultiver une vraie communauté. J'avais aussi besoin d'un partenaire d'affaires qui avait les compétences, et l'expérience nécessaires pour recueillir des fonds, et lancer les projets et les programmes de plantation de semences. Plus important encore, dans le moment présent de la maternité avec un jeune bébé, j'avais besoin d'élever mon bébé sachant que la pleine conscience est sa principale dispensatrice de soins. J'étais déterminée à atteindre ces objectifs tout en gardant ma fille en dehors d'une garderie.

En tant que mère d'un très jeune enfant sans foyer et sans emploi, je n'avais jamais connu une telle solitude ni une telle vulnérabilité. C'était le moment le plus mûr, le plus parfait pour embrasser et mettre en pratique cette idée de planter des graines en vue de créer une vie extraordinaire au futur d'autrui. J'ai pris plusieurs grandes respirations, je me suis fait 5 promesses ainsi qu'à ma fille, afin que je puisse planter des graines qui allaient devenir une vie extraordinaire pour nous :

1. Rester positive

Garder le sourire même lorsque vous avez le cœur endolori — même s'il est tentant de vous voir comme victime. L'« extraordinaire » doit être trouvé dans le moment présent. Et je dois être responsable de trouver ces indices d'Amour qui sont toujours présents. (Trouver quelqu'un qui souffre plus que moi est toujours un point d'entrée dans le cœur quand le cœur fait mal !) Ce n'est pas la même chose que masquer la douleur ou réprimer les problèmes.

2. Avoir foi dans la bonté

Avoir foi en plantant des graines de bonté, de paix et de joie. La compréhension que la bonté ne vient que de la bonté doit être enracinée dans votre esprit afin d'avoir foi en la bonté. Cette foi dans la bonté est ce qui motive ma prochaine action, surtout quand les choses sont si difficiles dans le moment présent. La création de ce puits de sagesse est le sol fertile nécessaire à toute réalité de « l'ensemencement de graines ». Il m'incombe de trouver la preuve et la relation de cause à effet dans ma vie. C'est une science que de découvrir la vérité de semer de la bonté pour cultiver la bonté. Une fois que vous aurez une bonne preuve dans vos propres histoires de bienveillance et que vous aurez également trouvé la véracité dans la bonté à travers les histoires des autres, vous aurez l'énergie et la persévérance dont le jardinier a besoin.

3. Honorer votre « Vérité temporaire »

Honorer vos émotions et vos expériences. Quand ça fait mal et que c'est difficile, honorez vos vrais sentiments. Ne prétendez pas qu'ils ne sont pas là. Ces sentiments et pensées douloureux changent-ils, sont-ils éphémères, impermanents et proviennent-ils d'une cause antérieure qui peut être changée ? Ma réponse au moment de la douleur : En ce moment même, d'un cœur souffrant, j'ai besoin d'honorer une « vérité temporaire » et d'être gentil et honnête avec moi-même. Ça effraie et j'ai besoin de temps pour le ressentir et l'assimiler ! De cette façon, je m'honore en honorant la manière dont je vis vraiment les choses, indépendamment de la « vérité ultime ». Il y a un temps et un lieu pour la « vérité ultime ».

Cependant, cette « vérité temporaire » ne fonctionne que si vous faites ce qui suit :

(a) respirer à travers la douleur et souvenez-vous que vous allez temporairement avoir de mauvaises pensées. Vos noms propres se transformeront bientôt en noms communs. Le blâme, la victimisation, la fureur et la tristesse se dissiperont tous ! Votre histoire se finira.

(b) Faire des efforts dans l'espoir ou dans la prière formelle que votre attitude positive et votre foi dans la bonté reviendra !

(c) Dans les moments (heures, jours, semaines !) de souffrance et d'affliction mentales, essayer de vous remémorer que ce que vous ressentez et expérimentez est pour un but essentiel. Vous pourrez en aider un autre avec cette même douleur dans le futur ! Embrasser l'expérience en vue de pouvoir guérir la douleur pour vous-même et pour les autres. Espérons que vous puissiez aider beaucoup, beaucoup d'êtres avec ce même problème et quand vous serez prêts, faites une nouvelle promesse que vous le ferez !

4. <u>Tout ce que vous voulez, donnez-le !</u>

C'est la pluie et le soleil pour vos semences de grandeur. Le sol fertile (l'étude de la sagesse de « Planter des graines ») est gaspillé si vous n'avez pas la nourriture dont vos graines ont besoin pour pousser. Il est si important de prendre cela au pied de la lettre autant que d'y croire. Il existe d'innombrables façons créatives d'être généreux.

Donnez des maisons si vous voulez une maison. (Ne pouvez-vous pas construire un nichoir ? Ou sortir une boîte et une couverture pour le chat errant ?) Donnez de l'amitié si vous voulez de l'amitié. Donnez de bonnes écoles si vous voulez une bonne école pour votre enfant. Oui, il y a plusieurs façons de donner de l'argent même si vous n'en avez pas. Il existe de nombreuses façons créatives et vertueuses de donner des choses. Vous pouvez vraiment donner des choses même si vous avez l'impression de ne pas les avoir ! (Je reviendrai plus en détail sur mes expériences personnelles au cours de prochains paragraphes.)

Mais le « besoin » peut être très délicat. Planter des graines ne fonctionnera pas si ce que vous voulez ne va pas vraiment vous aider et aider les autres. Votre désir doit être enraciné dans la bonté, la paix et la joie. Vos désirs doivent aussi avoir les trois « E » : **un moyen efficient, efficace et extraordinaire d'apporter le bonheur dans le monde.** C'est à vous de trouver cette interconnexion enracinée. Dans la négative, passez à autre chose.

(Dans mon programme pédagogique de « ensemencement de graines », nous avons 7 principes d'éducation et d'enseignement qui nous aident à comprendre ce qui est efficient, efficace et extraordinaire.)

Enfin, laissez de côté votre attachement à ce à quoi ressemblera votre objectif une fois atteint. Ce que vous voulez et comment il se manifestera après la semence peut être bien au-delà de ce que vous avez toujours espéré ! Laissez ces détails au pouvoir du bien. Néanmoins, vous êtes responsable des détails des causes. Il est de votre ressort de mettre l'Amour, la Paix et la Joie en action ! Plus vous mettrez de détails dans la foi, la planification et l'exécution de la bonté, plus vous aurez de succès en tant que jardinier semeur, et vos résultats seront florissants.

Qui, quoi et d'où, croyez-vous que viennent la source de la bonté, et, ses causes est une question très personnelle et intime. Votre compréhension personnelle des causes du bien est ce qui vous permettra de savoir comment rendre le monde meilleur. Mais vous êtes responsables de travailler avec la source de la bonté afin que *vous* soyez l'instrument de la paix dans cette réalité terrestre.

5. Célébrer et dédier !

Ne prenez pas cette étape à la légère. Assurez-vous que vos célébrations sont directement liées aux efforts sincères que vous faites pour planter des graines de bonté. Encore une fois, plus vous êtes soucieux de vos causes/efforts, plus vous aurez à célébrer ! Saupoudrez des célébrations planifiées et spontanées d'une minute à 24 heures dans votre pratique quotidienne de la mise en place des graines de la vertu. Si vous suivez strictement les lois de la semence, alors vous aurez vraiment quelque chose à célébrer !

Enfin, « dédiez » ! Je veux que mon esprit soit rempli de ces espoirs, de ces prières, de ces actions d'aide aux autres afin que mon cœur et mon esprit soient prêts à établir les occasions d'aider. Il s'agit d'une méthode savante pour traiter la façon dont votre cerveau fonctionne pour créer de bonne habitude. Plus vous consacrerez de manière constante vos bons efforts à ensemencer (votre planification, votre préparation, votre implantation et vos célébrations de la vertu), plus votre esprit et votre cœur auront la capacité de le pratiquer à nouveau.

Trouvez des gens qui ont besoin du même genre de guérison et de bonheur. Engagez-vous à soulager leur douleur, de manière la plus détaillée, que vous voulez que votre propre cœur guérisse. Une fois que votre cœur se rétablit, vous aurez encore plus à donner et davantage à célébrer.

Voici ce qu'il s'est passé :

Quand je n'avais pas de maison, je n'avais pas de maison à donner et je ne connaissais encore personne, donc je ne pouvais même pas visiter quelqu'un dans leur maison ! Cependant, j'étais déterminée à être une artiste lorsqu'il s'agissait de créer un foyer pour mon enfant. J'ai commencé par l'épicerie.

Lorsque j'ai rencontré des employés à l'épicerie, j'ai supposé qu'ils travaillaient de si longues heures que c'était comme leur deuxième maison. Je ferais de leur maison un meilleur endroit en rangeant des chariots, en souriant et en appréciant l'épicerie. Je dédierais alors ces actes de vertu à trouver un foyer sûr et beau pour mon enfant. J'ai fait la même chose dans les parcs partout où nous allions. En une semaine, nous avions un bel appartement. En 1 mois, un beau studio, et en 6 mois nous avions une casita de 750 pieds carrés avec une belle cour arrière et une cour que nous partagions avec une autre mère monoparentale et un enfant que ma fille considère comme son « cousin ». Ça n'a pas de prix. J'ai alors commencé à rencontrer d'autres personnes, ce qui m'a amené à travailler avec un groupe de 6 à 10 femmes. Dans ma nouvelle cour et mon nouveau jardin, j'aurais des groupes de jeu pour que les parents puissent ressentir les bienfaits de la communauté.

Dès lors, j'ai coordonné les « dates de jeux de l'équipe de bricolage » afin que la pratique de la plantation des graines puisse être faite pendant que nos enfants jouaient. J'ai rencontré les parents en tête-à-tête pour passer en revue des « Plans de joyeuses graines » spécifiques dans le but de soutenir une façon saine et consciente d'être avec leur famille. Lorsque nos plus jeunes enfants ont atteint l'âge de quatre ans, mon groupe de parents était prêt à enseigner l'art de planter des semences — l'engrais extra-fort pour nos joyeuses graines de semence.

Alors que je donnais des programmes, des groupes de jeu et du soutien individuel pour aider les fournisseurs de soins, je créais intentionnellement pour ces parents un foyer plus paisible avec leur famille. Je donnais ce que je voulais. J'étais « Être le changement ». Je traitais les autres comme je voulais être traité. Je voulais une communauté et un foyer pour mon enfant. J'ai donc donné à ma communauté et partagé ma maison.

Ma petite maison de 750 pieds carrés ne convenait plus à toutes les familles avec lesquelles je construisais ma communauté. Il était temps de déménager dans une maison encore plus grande avec une plus grande communauté. Mes graines se sont épanouies dans une communauté de co-habitat d'un acre, équipée d'une salle d'art, d'une salle de jeux, d'un jardin biologique, d'une piscine avec baignoire à remous ainsi que d'une grande maison communautaire et d'un terrain de jeux.

La communauté de co-habitat nous a fourni tant de soutien et de soins pour moi et ma fille. J'ai continué à aider les fournisseurs de soins à trouver des logements locatifs, j'ai partagé ma maison avec un étudiant étranger dans le cadre d'un programme d'échange et **j'ai maintenu mon intention d'aider les autres à créer un foyer paisible et sécuritaire dédié au bien-être de mon enfant.** Bientôt, le propriétaire m'a offert de me vendre la maison que je louais, me fournissant même le prêt nécessaire. On a juste travaillé à partir de notre confiance mutuelle, sans banque, sans acompte. Quant à un emploi, j'ai commencé à m'occuper d'un autre enfant pendant que mon enfant était avec moi. J'avais besoin de travailler à temps partiel. La plupart des emplois à temps partiel dans le secteur de l'enseignement payaient le salaire minimum. J'ai donc commencé par chercher d'autres personnes qui avaient besoin de travail et de revenus. J'espérais et je priais pour trouver des gens qui avaient besoin d'aide, en particulier les principaux dispensateurs de soins aux enfants. Je visualisais comment je pouvais aider les autres et comment mes héros aideraient les autres. (Détails !)

J'ai commencé par aider les autres gratuitement dans leur travail, surtout ceux qui ont de jeunes enfants. Je conduisais des enfants pour que leurs mères puissent travailler. J'ai aidé une mère d'accueil qui était la directrice fondatrice d'une école « à risque » en faisant du bénévolat dans deux classes de son école. J'ai aidé une mère qui avait sa propre garderie à la maison. J'ai juste continué à donner des emplois, à rendre le travail des autres plus facile. C'est alors que quelqu'un dans ma communauté de co-habitat m'a demandé si j'avais déjà donné des cours particuliers à des étudiants. J'ai commencé par deux séances la semaine, avec un enfant. Quand ils m'ont demandé combien je demandais, je leur ai simplement demandé combien ils avaient payé le professeur particulier de l'année précédente. C'était quatre fois plus que ce que je gagnais de l'heure.

J'ai continué à ensemencer en aidant les fournisseurs de soins, les éducateurs et les enfants. Je travaille maintenant 20 heures par semaine, pour offrir un soutien en mathématiques et en lecture, tout en gagnant presque le même revenu qu'avant la naissance de ma fille, lorsque j'étais enseignante à temps plein.

Je collabore avec des enseignants qui sont gentils, attentionnés et prêts à travailler ensemble, pour que les familles que nous servons aient les meilleurs avantages possible. Mes deux leçons par semaine sont maintenant passées à 15 leçons par semaine. Trois des sept familles avec lesquelles je travaille ont adopté des enfants qui avaient désespérément besoin de soins et d'amour. Ce sont des détails que j'ai visualisés avant de trouver ces familles avec lesquelles travailler. Et ces familles m'ont trouvée ! Je n'ai toujours pas de cartes professionnelles, de brochures ou de site Web. Simplement des graines.

Cet horaire me permet de consacrer du temps à mes projets d'organismes sans but lucratif. J'ai maintenant une douzaine de familles, qui m'aident à créer et à produire le matériel pédagogique dont nous avons besoin pour le programme de semer des graines, que nous pratiquons dans nos maisons et nos écoles. J'ai désormais l'ami le plus sage, le plus compétent et le plus authentique comme partenaire d'affaires, ainsi qu'une communauté d'une demi-douzaine de familles, qui font du bénévolat pour mon organisme sans but lucratif. Ils cousent, font du crochet, créent des collectes de fonds et étudient les méthodes de planter des graines en tant que communauté, pour nos enfants. Plus de graines à planter !

Et plus profondément, je peux emmener ma fille à l'école, la ramasser et la border au lit le soir. Je suis capable d'être présente, de rester en contact avec ma fille et de faire des efforts pour élever mes enfants avec une conscience éthique.

Aujourd'hui, ma fille a sept ans. J'avais besoin de me rapprocher de l'école de ma fille, car je faisais 3 heures de trajet par jour. J'ai donc vendu mon logement en copropriété, recevant mon prix de vente (vous l'avez deviné — les semences !).

J'espérais qu'en 7 ans de plus, ma fille et moi pourrions communier davantage avec la nature et travailler ensemble, sur la terre où nous vivions. Vous savez, vivre dans une ville, mais vivre sur une ferme avec de l'herbe verte et de grands arbres…. dans le désert. Cela vous semble fou ?

Encore une fois, ne laissez jamais vos tendances humaines prendre le dessus sur vous ! Vous êtes davantage qu'une personne !

Rêvez grand, semez grand et vivez grand. Votre cœur était destiné à être au-delà des frontières de votre corps.

Nous vivons maintenant dans une ferme équestre de 8 acres à l'intérieur de notre ville et à moins de 10 minutes de l'école de ma fille (où je pilote maintenant un programme scolaire, un *Chemin pour « Planter des graines »* !)

Je vois maintenant des montagnes et de l'herbe verte, de grands arbres et des chevaux — dans le désert ! Notre « famille d'accueil », propriétaire de la ferme depuis près de 20 ans, y a élevé ses enfants et est si heureuse d'avoir un enfant de 7 ans avec les chevaux et travaillant dans le jardin bio.

C'est incroyable comme l'Amour qui fait croître ces graines de bonté est si patient, résilient et carrément bon. Pourquoi ne pas avoir foi dans la bonté et la cultiver ?

*Par-delà les idées du bien
et du mal,
Il y a un champ.
Je t'y retrouverai.*

RUMI

Remerciements

Mon immense gratitude pour leur concours va à :

Ven. Lobsang Kading, Kat Ehrhorn
Connie O'Brien, IA
René Miranda, MD
Ven. Lobsang Kunga, Roberta Funck, PA-C David K. Stumpf, PhD (mon mari aimant)
Ann Curry, PA-C
Jan Henrikson, rédacteur en chef Extraordinaire
Richard Fenwick pour la conception du livre
Lori Lieber pour la conception de sa couverture
Lucie Caron pour avoir traduit le texte et les illustrations
Vimala Sperber pour ses illustrations
Ben Ghalmi pour sa révision
Katey Fetch pour sa photo de Juniper, le chien avec la plume, euh, je veux dire le jouet à mâcher

Tous ceux qui ont partagé leurs histoires

À propos de Sarahni

Sarahni Stumpf (auparavant Susan P.) a renoncé à une carrière de plus de 20 ans comme assistante médicale et acupunctrice pour poursuivre sa voie spirituelle. 12 ans plus tard, au cours d'une retraite de méditation isolée de 40 mois, son cheminement de carrière et son cheminement spirituel ont fusionné lorsque cette profonde compréhension de leur connexion lui a été révélée. Aujourd'hui, elle apprécie les deux passions, partageant la sagesse des vraies causes de la guérison à travers ce livre et des séminaires, et enseignant en ligne le programme de Sagesse et pratiques anciennes de l'Asian Classics Institute. Elle vit avec son merveilleux mari, David, dans le haut désert du comté de Pima, en Arizona.

Un assistant médical est formé pour exercer la médecine sous la supervision d'un médecin autorisé. La carrière fut créée en formant officiellement des médics durant l'époque de la guerre du Vietnam pour leur offrir un moyen d'utiliser leurs compétences.

Jan Henrikson a eu le plaisir d'être un sherpa littéraire pour de nombreux hommes et femmes inspirants, tels que Rae Jacob, auteur d'Acupuncture for Your Soul, et Paige Valdiserri, auteur de The Red Bag. Sa vie s'enrichit en guidant les auteurs pour qu'ils fassent passer leurs livres du rêve à l'esquisse, en passant par les manuscrits achevés qui enrichissent également la vie de leurs lecteurs. « Quelle joie d'être immergée dans les enseignements que Sarahni partage dans ce livre que vous êtes en train de lire maintenant ! » N'hésitez pas à communiquer avec Jan à *janlight13@gmail.com*

Vimala Sperber, en dépit d'une maîtrise en géologie marine, l'amour de Vimala pour l'art et les compétences artistiques a propulsé sa carrière de 10 ans comme propriétaire de la galerie Mimi Ferzt à Soho, Manhattan, New York. En suivant son chemin spirituel, elle s'est éloignée de cette vie. Mais ses talents de dessinatrice lui permettent d'aider les autres à améliorer leurs visualisations méditatives et bien sûr, d'affiner les siennes. Son style simple est attachant. Elle s'occupe actuellement de la conservation d'expositions d'art méditatif.

Vimala est également co-fondatrice de Threads of Wisdom, une projet à but non lucratif qui aide les femmes réfugiées à apprendre à coudre des couvertures de livres pour des textes de sagesse ancienne, leur procurant ainsi l'opportunité de travailler légalement et de s'intégrer dans leur nouvelle communauté. Pour plus d'informations sur ce projet, veuillez consulter le site *www.threadsofwisdomproject.org*

Richard Fenwick conçoit la mise en page de livres imprimés et électroniques pour des auteurs et travaille comme traducteur russe pour les survivants de l'Holocauste de l'ex-Union soviétique. Ses poèmes ont été publiés dans des trimestriels tels que Rattle, The Virginia Quarterly Review et The Adirondack Review, et son premier recueil de poèmes, *Around the Sun Without a Sail*, a été publié en 2012. Un deuxième recueil, *Unusual Sorrows*, a été publié en 2018. N'hésitez pas à contacter Richard à *fenwickpoems@gmail.com*

Lucie Caron dès l'enfance, s'intéresse aux médecines modernes et orientales, de même qu'au yoga, à leurs philosophies et au potentiel humain. En plus de parfaire ses études au Québec, mue par sa passion pour le corps et l'esprit, elle étudie aux États-Unis, au Mexique, au Danemark et au Pérou. Au cœur de sa démarche existe cette quête pour découvrir le meilleur des médecines.

Elle fonde Santé Ressources Lucie Caron et reçoit le prix Femme d'affaires professionnelle, du Réseau des femmes d'Affaires du Québec. Ostéopathe et massothérapeute à Laval, Québec, Canada, elle combine diverses approches : ostéopathie, shiatsu, polarité, massage suédois et californien, ayurvédique, médecine chinoise, méditation, yoga, eutonie, compassion et pleine conscience.

« J'ai voulu offrir à la francophonie l'une des meilleures conceptions sur la création de la santé et de l'amélioration de la vie en traduisant le livre de Sarahni Stumpf. Riche, il recèle d'exceptionnelles, fabuleuses et véridiques connaissances de la sagesse ancestrale orientale, transmises par Michael Roach, d'un grand secours aux malaises de notre civilisation actuelle. »

« *Puisse quiconque se sentant prêt à les entendre*
Accéder à ces bijoux de connaissances
Et se réjouir des bienfaits de leurs applications. »
www.santeressources.com

www.ingramcontent.com/pod-product-compliance
Lightning Source LLC
Chambersburg PA
CBHW071358290426
44108CB00014B/1602